土佐英信流居合

著・演武 福留 麒六

監修 宮本 知次

日貿出版社

我が師、今は亡き竹嶋壽雄先生に捧ぐ。

竹嶋壽雄先生（1984年）※前頁写真も同じ

上／左　竹嶋先生書

右　達磨図
左　一刀一断　共に竹嶋壽雄先生筆

【稽古口伝】

「居合の至極は常に鞘の中
　刀を抜かず常に勝つべし」

「居合とは人に斬られず人斬らず
　己を責めて平かの道」

「世は広く我より外のことなしと
　思うは池の蛙なりけり」

私が師事し、身近に接した竹嶋先生が身を尽くしなしとげた幾多の業績の中、三つのことに関して述べれば、まず道人として当たり前のことながら、伝承技の具現と更なる追求、そして次に先師の残された「居合は稽古のこと、見せ物じゃない ― 細川義昌 ―」、「居合はやっても居合乞食（居合を出しに使い金と名前を請う乞食）にはなるな ― 福井春政 ―」という言葉を守り、健全なる組織の再編成と発展、そしてその組織の先導者として後進の育成に心血を注がれたことである。そして最後に三つ目として、道統の背筋を正し宗家の代を村永秀邦氏に手渡したことである。

第二十代・竹嶋壽雄先生から第二十一代・村永秀邦宗家へ代が継がれることを伝える記事。
(1995年4月17日　高知新聞)

序文

～ 未来につなぐ ～

中央大学 教授
宮本 知次

　畏友・福留麒六と最初に逢ったのは40年以上前になる。空手修行で師を求め、後に空手道場「松濤館」館長になられる我が師・江上 茂先生宅を訪ねて来た時に出逢った。二人とも20歳代で、武術修行に明け暮れていた。

　聞けば、米国から今到着したと云う。求道の疑問と悩みを解決したくて先生のもとへ飛んで来たと云う。私たちは直ぐに意気投合した。

　その時期、彼は世界を舞台に放浪の武者修行の旅を続けていたが、後にスイスのチューリッヒの大学で空手・居合や太極拳などの東洋の伝統武術を「東洋身体文化」として教鞭を執ることになる。

　私も同様に中央大学で「東洋的体育法」・「東洋養生法」や「東洋身体技法」を教える体育教師として、共に研鑽交流が続いた。一年間に数度、大学の休暇期間を使って帰国する時は拙宅に立ち寄って稽古していくのであるが、郷里・高知では竹嶋先生が亡くなって以降、剣を抜かないとの事である。村永秀邦当代宗家に対する遠慮であったのだろう。

　それでは、竹嶋壽雄師譲りの土佐英信流居合を東京の私の稽古仲間に教えていって欲しいと頼み込んで、10年がかりで説得して実現した。

　その指導用の教本として作成したのが本書の原型である。本書がこの様な立派な形で製本されるまでには、たくさんの方達との巡り合いがあった。中でも編集担当の下村敦夫氏と写真整理・レイアウト担当の照沼秀世氏には筆舌に尽くせない苦労をかけた。心から感謝したい。

　土佐英信流は現代居合の原点ともいえる流儀である。それを演武する福留麒六の写真は、いわゆる一動作ごとに区切った動きではなく、一繋がりの線のように滞ることなく流れている。通常の制定居合を見慣れている方にとっては、姿が「崩れ」に見えるかも知れないが、それは剣を流れるように遣う「生きた剣」の希有な遣い手である事の証左である。その写真を後世の稽古人に残すことが本書出版の重要な使命であると考えている。

　中国に「傳人」という言葉がある。先人たちが命がけで極めてきた伝統の技法・理法や心法を伝える人のことである。福留麒六は真の「傳人」と云えよう。

はしがき

　確かに文化というものの灯は、人によってのみ点され、守られ、継がれていくものであろう。それは、人間がシンボル体系を持ち、それを道具として文化、社会・組織を作る生き物であるところにおいて間違いないであろう。また別の観点から言えば、人間はこの自然界の中でそれらを作り得るところから力を得、生き延び、繁栄してきたといっても誇張ではない。

　シンボル体系を構成するものとしては、例えば記号、数字、言葉、身振り（技、形）といったものである。それらは事象、思考、経験などの抽象化を可能とし、それらの普遍化という働き、力を作りだすものである。普遍化とは時間、空間を超え、もの・ことが複数のものに共通にゆきわたることである。

　そのような視座から、時空を超え伝わる系統を意図する道統ということを考えてみれば、それを守り、継いでいくためには人の参加、集まりを必要とし、その事実から、便利さゆえ組織が作られるということは容易に理解できる。

　ただこのことは、"道統というものが絶対的に組織というものによってのみ守られ、存続しうるものであるのか？"との問題にも我々を連れて行くであろう。そうであるならば、居合道におけるいかなる組織に属す者でなく、またそれに付随するいかなる段位、呼称を受けた者でない私は道統を継ぐ者ではない。その見地から言えば、今、ここで表そうとするものは、道統の正当性論議を持ち出そうとするものでもないことを明記しておきたい。

　先師、十九代宗家福井春政より"道統"を継ぎ、次に伝えていくことを託され、それに心血を注がれた私の師、竹嶋壽雄先生の姿と間近に接し、その責務を背負い歩くことの重さを知り、考える時、そしてそれを受け継いだ二十一代宗家村永秀邦氏に敬意を表する時、その運動、流れに参加しなかった自分は決して道統云々を語れるものでないことは自明のことと明記しておく。

　ここで私が表そうというものは、ただ純然と、私の師、二十代宗家竹嶋先生から手をとって教えていただき体得した英信流の技、口伝として伝えていただいた居合道における了簡などである。その理由により、表題は『土佐英信流』とし、竹嶋先生の呼称された「土佐直伝英信流」から"直伝"を敬意を表し削除した。土佐英信流居合道を探求される道友の方々の解釈の参考になれば幸いである。

　今回の作業は、道友宮本知次氏の熱意ある説得に納得させられたところに成り立っている。竹嶋先生に師事する中で陰になり日なたになって、手を差し伸べてくださった故細川多豆夫師兄、故福留脩文兄に謝意を表する。

土佐直伝英信流

※ここに扱われている居合道史に関する多くの資料は、平尾道雄選集『土佐・武道と仇討ち』(高知新聞社発行)をもとにしている。

　居合道の始祖を室町期における**林崎甚助重信**とし、その上に長谷川英信流を編み出した**長谷川主税助英信**、江戸期に神影流古流五本の形に長谷川抜刀術と小笠原流礼式の正座を加え大森流を完成させた**大森六郎左衛門**。長谷川流、大森流を混同しこれを土佐の地に伝え、根をつけた**林六太夫守政**。以降、土佐の地で枝葉を張るように道統をつないだ幾多の宗家名手、明治、大正と武道衰退の苦難、危機の中、身を尽くし、道統を守り、長谷川流、大森流を「無双直伝英信流」の名の下に統合し、普及に努めた**大江正路**。終戦後の世情混乱期、明治も遠くなり、人間の様も変わり、武士道に貫かれ、育まれた居合道の精神も、「なんでもあり」という近代、現代の風潮に巻き込まれる。その中、技量と格を以て代を貫き、また歴代宗家の墓地の発見に身を捧げ、土佐の居合伝承の道統を歴史上の事実とし実証し、1995年宗家を次代に継承を機に流名を「土佐直伝英信流」と改称した第二十代宗家**竹嶋壽雄**によって、思想・技は受け継がれた。

円熟期の竹嶋壽雄先生

目次

序文 ～未来につなぐ～ 1/ はしがき 2/ 土佐直伝英信流 3/ 目次 4/ 系譜 6/ 形の名称 8/ 刀の名称 8

第一章 正座之部 通称 大森流 ……………… 9

稽古口伝（拍子/点と線の観点からの「居合道稽古」の考察）……………… 10
口伝一 障り・三角の曲尺・三尺四方 ……………… 17
竹嶋先生より教えられたこと ……………… 18
口伝二 竹嶋先生夜話 ……………… 20
口伝三 "初発刀・前" 技法考察 ……………… 21
袴さばき・正座 ……………… 23
礼式（神前の礼・刀礼・帯刀）……………… 24

前（抜きつけ-振りかぶり-打下し-血振り-納刀）……………… 30	介錯（かいしゃく）……………… 56
	附込（つけこみ）……………… 58
右・左・後 ……………… 46	月影（つきかげ）……………… 62
八重垣（やえがき）……………… 48	追風（おいかぜ）……………… 64
受流（うけながし）……………… 50	真向（まっこう）……………… 66

第二章 立膝之部 ……………… 69

立膝から奥居合へ ……………… 70
長谷川流 血振い、納刀 ……………… 72

横雲（よこぐも）……………… 74	岩浪（いわなみ）……………… 88
虎一足（とらのいっそく）……………… 76	鱗返（うろこがえし）……………… 92
稲妻（いなづま）……………… 78	浪返（なみがえし）……………… 94
浮雲（うきぐも）……………… 80	滝落（たきおとし）……………… 96
颪（おろし）……………… 84	真向（まっこう）……………… 102

第三章 奥居合 立膝之部

霞（かすみ）………… 106
脛囲（すねがこい）………… 116
戸詰（とづめ）………… 118
戸脇（とわき）………… 120
四方切（しほうぎり）………… 122
棚下（たなした）………… 126
両詰（りょうづめ）………… 130
虎走（とらばしり）………… 136

第四章 奥居合 立業之部 ………… 139

足法 居合腰 ………… 140
血振い、納刀 ………… 141

行連（ゆきづれ）………… 142
連達（つれだち）………… 144
惣捲（そうまくり）………… 146
惣留（そうとめ）………… 152
信夫（しのぶ）………… 156
行違（ゆきちがい）………… 160
袖摺返（そでずりがえし）………… 166
門人（もんいり）………… 168
壁添（かべぞい）………… 172
受流（うけながし）………… 178
暇乞（いとまごい）………… 180

第五章 組太刀 ………… 187

英信流太刀打之位 188／構え 189／虎走り 190／始めの礼 192

出合（であい）………… 200
拳取（こぶしどり）………… 206
請流（うけながし）………… 209
請込・請入（うけこみ・うけいり）…215
月影（つきかげ）………… 219
水月刀（すいげつとう）………… 224
絶妙剣（ぜつみょうけん）………… 226
独妙剣（どくみょうけん）………… 229
心妙剣（しんみょうけん）………… 234
打込（うちこみ）………… 238

終わりの礼 241

形稽古論、「礼」から視る武道考察、おわりに …… 244

英文付録［English Appendix］265

系譜

土佐居合（長谷川流、大森流）から
無双直伝英信流そして土佐直伝英信流への系譜

[注] 宗家累代を基にしたもので幾人かの人物に関しては伝承が基になっている。

居合の始祖

林崎甚助重信 ▶ **田宮平兵衛重正** ▶ **長野無楽斎** ▶

生没年不詳（1500年代？）
「林崎甚助重信ハ奥州ノ人也
林崎明神ヲ祈テ刀術之精妙ヲ悟ル
ト云エリ中興抜刀之始祖也」 ※1

長谷川英信流祖

▶ **長谷川主税助英信** ▶ **荒井勢哲清信** ▶ **林六太夫守政** ▶

「長谷川主税助ハ後ニ内蔵助ト
云尾州公ニ仕千石領ス第一弓馬
ノ上手也諸国弓伝馬ノ伝得タル
人多シ」 ※1

▲
大森六郎左衛門
神影流門下、林六太夫の剣術の師、
正座の居合十一本（大森流）を編む

（1732没）長谷川流と大森流を
土佐に伝える

▶ **林益乃丞政誠** ▶ **依田万蔵敬勝** ▶ **林弥太夫政敬** ▶

▶ **穂岐山波雄** ▶ **福井春政** ▶ **竹嶋壽雄** ▶ **村永秀邦**

穂岐山波雄と同門

諸子百家乱立混迷の世上、流名を「土佐直伝英信流」とし、虚偽を捨て土佐居合を整理、再確立した

下村派とその系統

▶ **大黒元衛門清勝** ▶ **林益乃丞政誠** ▶

┗▶ **坪内某** ▶ **島村某** ▶ **松好某** ▶ **山川久蔵幸雅**

歴代全土佐居合宗家、関係者の墓所は竹嶋先生はじめ門下生の尽力によって確認され、土佐における居合の系譜が伝説伝承（神話）の枠を超え史実として明らかにされている。（昭和48年5月27日、第九代、林六太夫守政～平成8年4月28日、行宗貞義）
- 竹嶋先生御功績
※1『英信流口伝覚書』より抜粋

▶ 百々軍兵衛光重 ▶ 蟻川正左衛門宗継 ▶ 万野団右衛門信定 ▶

林安太夫政誚 ▶ 大黒元衛門清勝 ▶

＊下村派：下記（下村派とその系統参照）

谷村派

谷村亀之丞自雄 ▶ 五藤孫兵衛正亮 ▶ **大江正路** ▶

山内容堂の居合の師
土佐藩校・致道館居合術指南役（土佐藩においては居合術は剣術とは独立してあった）

明治の混迷期、長谷川流、大森流を「無双直伝英信流」の名称の下に再編成し土佐居合の命脈を守った

下村派

下村茂市定政 ▶ 細川義昌

中山博道の師

大江正路

谷村亀之丞と同時代に山川久蔵が居合師家として活躍していた。これは林弥太夫の門人だったが、いつしか林家を離れて別に伝書を受け、門人を教えるようになったので当時の世評にもなったが、その系譜を辿ると、山川久蔵からさかのぼって坪内某を経て大黒元衛門に至るそうである。すなわち大黒元衛門は伝書を林益乃丞に譲ると同時に坪内某にも与えたわけである。（参考文献　高知新聞社発刊、平尾道雄選集『土佐・武道と仇討ち』）

形の名称 『竹嶋先生書』

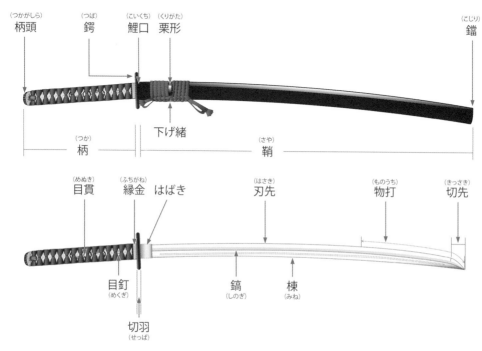

刀の名称

第一章 正座之部

通称 大森流

居合道の歴史は、始祖を林崎甚助重信とし、永禄年間（1558〜1570）に始まったとし林崎流あるいは重信流と称された。その「術」は時代を下って伝えられ、第七代長谷川主税助英信に至り、師の流れを汲んだ上での彼の工夫研究によって長谷川英信流が編み出された。

大森流

土佐に長谷川英信流・長谷川流を伝えた、流祖より数え九代目の土佐藩士林六太夫の剣術の師である大森六郎左衛門が神影流の形の内、「鞘の中」という抜刀術五本の形と長谷川流抜刀術より十一本を案出し、小笠原流礼式の正座の上に工夫研究のすえ、大森流を完成させ伝えたものである。

大森流と長谷川流は合わせ林六太夫によって土佐の地にもたらされ、以降お留流として根を下ろした。

稽古口伝

　この道の先人の教えの一つに、「居合の至極（最上そして道理）は常に鞘の中」ということがある。事件に対し自らの身心の置きようの最上は、そして更に対処の仕方の道理は常に「刀が鞘の中にある状態」が大本であるという意味であろう。

　土佐英信流居合における技・身体表現の世界においてもその通りであり、刀が鞘の中にある状態を前提としている。ここで表そうとする「稽古口伝」においても、それらを考察していく際にこの点を心に留めておくことは有益であろう。また居合の道を、身心を以て、事理を合わせ、深く問うていけば、「刀が鞘の中にある状態」が大本であるということは合点のいくことであろう。

　簡潔に言えば、居合とは感性と理性を失い、ただ闇雲に刀を抜き放ち、斬り合うための道ではないということである。

居合の至極は常に鞘の中
刀を抜かず常に勝つべし

居合とは人に斬られず人斬らず
己を責めて平かの道

世は広く我より外のことなしと
思うは池の蛙なりけり

口伝一　間の問題について

拍子
Hyoushi

土佐英信流の口伝のひとつに"三つの拍子"という教えがある。簡潔に言えば、「序破急」と区分される、身体表現の調子・勢いのことであるが、そこには「間の問題」、「点と線の問題」という武道上の重要で興味深い問題を含む。

正座

はじめ　間　序　間　破　間

立膝

はじめ　間　序　間

奥居合

はじめ　間　破　急

| 序：無拍子 | 破：緩徐な拍子(かんじょ) | 急：急速な拍子 |

拍子の問題で留意すべきことは、これら三つの表現法に優劣をつけることではない。具体的にいえば、一拍子までいけば三拍子をやる必要がないといった考え方がそれにあたる。三つ、それぞれが真理を持ち、それぞれの意味、効果がある。また、拍子は常に一定・絶対的なものではない。事に応じて自由に変化できるものでなくてはならない。

しかし、錬磨の上では、正座では三拍子、立膝では二拍子、奥居合では一拍子と進めていけば良いであろう。

正座は、"序・破・急"の三拍子

1. 正座 →
2. 刀に手をかける →
※左手で右手に渡すこと。この時右手で刀を掴みに行くと、脇があくので注意。
3. 柄頭を相手に付ける。
で稽古する。
※稽古として、二拍子・一拍子にても行う。

序　破　急　　おわり

立膝は、"序・破急"の二拍子

立膝 → 刀に手をかけスーッと抜いていく。
三拍子の3のところで止まらないで稽古する。
※稽古として、一拍子にても行う。

序　破急　　おわり

奥居合は、一拍子

すべての点は通るが止まらない。
途切れることのない一つの線で抜く。
「いられ（せっかち）、きよう（気負う）ことではない、棒抜きにならんこと」で稽古する。

おわり

点と線の観点からの「居合道稽古」の考察

　点とは線を構成するものであり、線上にある位置を意味する。生命活動、運動を二次元的に見れば、線であり、面であると言っておくのは適切であろう。我々はその線上の多くのことを意識することなく動いている。つまり、我々は、実は変化する環境の中を偶然的に生きていると仮定してもさしつかえないのではないだろうか。

　武道稽古の一つの特性は、その偶然性をまるごと全体としての自分・身体（二分されない知性と感性）を以って避けていく能力を第二の自然として獲得していくことである。第二の自然とは、まず、本来の我々である自然（能力の資源）を、意識を道具とした稽古・耕すことによって開発された能力として獲得することである。さらにそれを練磨によって、意識、無意識を超えた領域、つまりここでいう我々の第二の自然の中に収めることである。
　偶然を避ける能力とは情報の認知、認識力、情報の処理力、そして情報の発信、表現力であると言っても誇張ではないであろう。
　情報の認知、認識力、情報の処理力。これらの能力にとって言える重要なことは静的な、不必要な力の抜けた**点（間）**を持つ能力であり、そこから躊躇なく動的線となるエネルギーを潜在させておく能力である。
　情報の発信、表現力。この能力にとって重要なのは、動的なリズムをもった必要な線を創作できる能力である。そして、必然的に躊躇なく静的な点に帰ることの出来る能力である。

　結論として言えることは、生命活動、動きとは「線」でありその線を構成するものが「点」であり武道稽古とはそれらの質を上げることであることは容易に理解できる。そしてその線の質を上げるためには点の質を上げることであると言えよう。言い換えれば、良い質の点を持つということは線の質を上げることになるのである。

「間」の考察

　この問題は前に触れたことと関連する。つまり、間とは線・動きの上に創作され、認知された、物理的（外見）には一見静止した状態ではあるが、感覚的（内的）には非常に活発な状態である。それは、線上に変転自在な陰陽を特質として内在させた中空構造を持った点であると言えよう。
　点・間の持つ質とはそこに存在する時空の質と考えても良いだろう。上記の**情報の認知、認識力、情報の処理力、情報の発信、表現力**の箇所で見たように、線・活動の質を高める特性を持ったものとしてどんなに強調してもしすぎることはないであろう。
　日本語の表現に、「間抜け」、「間延び」、「間なし」、「間合わせ」、「間を置く」、などとある。間とは時空がその特性を発揮できる可能性を秘めたものである。時空の特性とは動き、変化である。間

はもの・ことの動きの始まりの可能性を包含したものである。時間と空間・動きが外見上は静止し、適度な緩みを持ち、ゆったりと解放された状態である。

英信流居合においてはこの**間**の作用、機能を身体表現術の基本概念として前に見た、「三つの拍子」、「居合腰」、またさらに全ての形表現の中の技として間を配ることを伝える。これをさらに具体的に言えば、間をとる、動きの始まりに身心から無駄で不必要な力を抜くということである。間を取れば自然に次の動きは生まれてくるということ。特に身体は"間"を具体的に実感としてわかるものである。身体を固めない、伸ばさない、つまり、ちからを緩めなさいということである。筋肉のみが信奉された強迫観念的速さ、（一般的なイメージの）力を込めた強さにこだわることから身体を解放することである。力を込める、速く動くといったことは"間"から身体の中身を変化させていけばよいのである。

土佐英信流居合術は、間なしに急かされたもの、間抜けて、間伸びしたもの（変化できないもの）ではないと言っておくのが適切であろう。また注意すべきは、英信流で言う「三つの拍子」の拍子とはリズムの基礎的区切りという意味で、拍子をつける、弾みをつけるという意味ではないということを見過ごすべきではない。

身体表現

居合道稽古は技の複合体としての「形」を持って構築され、その錬磨を本分・本質としている。変化を本質とする「現象（事）」と、その中に認識され得る「真理（理）」の錬磨に依る認知と一致である。この稽古論については後でさらに考察しようと思う。ここでは注意を"運動・動きの理"を考慮した上で、抜き付けにおける"三拍子という身体表現"を検討してみよう。ここで考慮される運動理論は、奉職された東京芸術大学において野口体操と呼ばれる独自の人間観と実技を展開された野口三千三氏の理論[※1]の大きな影響におい、その上で私の展開する稽古の世界に導入されたものである。まず運動・動きの道理について明らかにしてみよう。

動きとは身体というシステムとして機能をもつ構造が、各部の関係の組み合わせを柔軟にまた動的に働きかけ合い、生み出されたエネルギーを伝えていく状態である。それは現在の状態が崩れる場所と時に起こる。逆に言えば、動きがあるということは現在の状態を壊し続けているということである。感覚でもって確認すべきことは、まず動きの起こる一点（一つの状態が壊され、エネルギーの起こりと動きの始まる一点である）とそれに続くシステムの構造内で起こる動き、エネルギーの伝導である。つまり、動きとは、身体・システム・構造の中身の変化が外に現れたものであり、そ

※1　著書『原初生命体としての人間』（三笠選書）より。

れらを実感できるのは感覚の機能・働きである。感覚器官を最上に働かすためにも、感覚器官の一部でもある筋肉を固め限定しないこと、簡潔に言えば、不必要な力を抜いておくことである。要点は、内外に良質の（緊張にさらされたものではない）時間と空間を持ち、感覚器官と思考能力が最上にそれらの機能を発揮できる身体の状態を癖づけることである。

拍子と間

　議論を"三拍子という身体表現"へと発展させよう。本題に移る前に注目に値することは"間"の問題である。"間"とは感覚的（精神的）な問題であり、また具体的な身体の状態をさすものである。それは固められ、限定されたものではない静かな状態、つまり、そこから"有"がこしらえごとなく生まれてくることのできる状態であると理解できる。"空"、"ニュートラル"、"0"と言った別の言葉で表されても妥当であるように思われる。ここ（居合、あるいは武術全般）での議論の上で具体的、簡潔に言えば、内外の情報が静かな力みのない状態で受け取られ、処理され準備が十分になされ、時機の来るのを待ち、さらにその状態から弾み、調子など、こしらえごとを付けなくても、動きが生み出される状態と言ってもよいであろう。

●三拍子について　上述の"間"を正座から抜き付けの間で三度作りだし、持つ動きのリズムである。プロセスをまず静的状態で起こし、その状態で情報を把握、確認し、エネルギーの沸き上がりを起こし、それを自然な流れの中で、直接噴出させるように動的状態に転化する動きである。
●一拍子について　最初の"間"つまり正座（静的）の状態から身体全体を一つとして、その状態を崩し、滑らかな流れ・動き（動的）を生み出し、伝え、その流れの中で伝わって行くエネルギーを徐々に強大なものとし、また速度を加速的に増し、その流れが働きかけるべき部分（この場合切っ先三寸）で、噴出させる。つまり、"間"は一度、正座の時のみでそこから身体の中の変化、体重の乗せ替えを起こし、伝達・波動・加速を寸断させることなく通り抜けエネルギーを噴出させる動きのリズムである。
●二拍子　三拍子で創作・実現させた三つの"間"から一つの間を通り抜け、動きを連続させればよい。具体的に説明すれば、正座（一つ目の間）、刀に両手をかけた時（二つ目の間）の後、相手に柄頭を付けて作った三つ目の"間"を伝達・波動・加速を断絶させることなく通り抜けエネルギーを噴出させる動きのリズムである。

　問題の核心は、"慌て急いだ動き"と"スムースで速い動き"の違いを認識し、良質の身体能力を身につけることである。どうすれば急がないで、速く動くことができるかという問題を、三つの拍子という課題（理）を心に留め、感覚器官を使いよく（事）の錬磨に励むことであろう。

口伝一
障(さわ)り・三角(みすみ)の曲尺(かねじゃく)・三尺四方

　土佐直伝英信流には「三つの拍子」の他にも口伝、英信流に関わる古文書の中に「三つの障りに心付けよ、左壁・後ろのもの・天井」、「三角の曲尺・三角の曲尺にて半開半向きと成る也」、「三尺四方の戸板の内で攻防」、「提灯腰は成らず」などといった現代人には解釈説明、図解なくしてそれらの表現で飛躍的活動を促すことの難しくなった言葉だが面白い表現がある。ここでは口伝としてあえて説明せずに伝えておくが、それらは全て「前・初発刀」の教えの中に含まれている。

　口伝とは、元来、個の流派における身体錬磨が自己解釈なく、あるところまで足りた者が、「それでは……」と教えられる理である。一見窮屈で、自己解釈からの観点から見れば"なぜに？"と思われるところ、伝わるべき技法が正しく伝えられ、それを守り、練磨体得していけば納得いけるものである。

　竹嶋先生の門に入った当初、"教え"とは、こまごまと窮屈でも、今（初心者の時に、あるいは出来る時に）やっちょたら、後で困らなよ。」と言われた。

　後でも述べるが、「やらにゃわからん」、「やらんもんが四の五のと所作をつけ、理屈をひっつけるもんよ（滑稽こと）」ということで、言い得て妙だと思う。

　"伝わるべき技法が正しく伝えられ、守り、体得していけば納得いける"ということについて、昭和四十年に、当時の「無双直伝英信流」の道統の乱れを嘆かれ[※2]、一念を発起し、「居合道の参考」という冊子を残された、野村凱風先生の高察に、"……門弟が師匠となり、疑問はごまかし、勝手な屁理屈をつけ、先哲が生死を賭して案出された技を、小賢しき人間どもの知識をもって、先哲と比較にもならぬ、ささやかな修業で、知らず知らずの間に自己流に改悪していく。"とある。

※2 武道混乱衰退期となり、幾多の武道が消滅した明治に土佐の旧藩主山内家当主、板垣退助、細川義昌などの旧士族の志・援助、努力によって支えられ、守られてきた土佐の居合。その土佐の居合が無双直伝英信流（大正期に大江正路によって、大森流と長谷川流が統合され、称された名称）の名の下、自己の修業のささやかさを偽装するように、自己解釈を、手を替え品を替えて加え、さらには名称をも変えられ繁栄（？）（氾濫）している現状。

口伝二
竹嶋先生より教えられたこと

他に、道場の内外で居合道稽古に関し、竹嶋先生より「土佐の居合は……」、
「べんちゃら言うな、やらなわからんぞ」
「やらんずくら、四の五のぐじくりよったら、たいちゃもちゃくれて、
てこすにあーんなるけんど、やったら存外いくもんよや[※3]」、
……と教えられたこと、それに解釈を入れ、
次に伝えたいことを思いつくままに記しておく。

"遠くにあるものは近くに行って斬れ"

　小賢しい小手先の技、または及び腰（通称へっぴり腰）で遠くへ、早く刀を当てにいくことではない。あるいはまた、自分は安全な"ここ"に居て、手を汚すことなく相手を倒すといった妖術はいらん、ということ。更に言えば、誰の説かということにいろいろと言い伝えがあるようだが、"斬り結ぶ太刀の下こそ地獄なれ、身を捨ててこそ浮かぶ瀬もあれ"、あるいは"斬り結ぶ太刀の下こそ地獄なれ、ただ斬り込めよ神妙の剣"という境地を具現させようというものと思われる。斬り結ぶ刀の下で、"相手に近く寄る"というために何が必要であるかということを考えれば、これは身体上、心法上の技に関わる大事な意味をもつことは明らかである。

"技は大業を使え"

　事相錬磨　基本を踏まえ、身体の中に入れておけば後は変化業である。その時に小賢しい解釈、目くらましで小器用な業を身につけないようにということである。土佐居合の大道であろう。この人の世の中、いかに目くらましの妖術のようなことで人を驚かせ人気を取る武道家の多いことか。土佐の居合が、背筋の伸びた簡素な姿を人に呼び起こす一助となるを願う。

（役者じゃないきに）"居合に不必要な所作はいらん"

　武道稽古すべてに言えることであるが私が確信することとして「実は難しいことを、一見簡単に」ということがある。いかに我々はその逆「簡単なことを難しくして」生きているかということを考えれば、「武道稽古とは？」、そしてすべてに通じる「技とは？」という問題に対する一つの答えが見えよう。技とは難しいことを簡単にできる、やるところにその本質があり、美があると考えることができる。また稽古とはその技の習得と、それを通じ、それのもつ意義を自分のモノとしていくことと考える。

[※3]「たいちゃもちゃくれて、てこすにあーんなるけんど」→「たいへんこんがらがって、手に負えなくなる」

"礼にならんような礼はするな"

　よくある武道流派、武道家の言い分に「まず左手そして右手……、左右を同時に行おうとすれば、そこに隙を生じる……」ということがある。問題の核心は"そうすれば「礼」とは何なのか？"ということである。「礼」ということの意味を考えるとき、"隙を生じるのではないか"という猜疑心、そのような考え自体が隙と考えることもできよう。「礼」とは相手に対する敬意と同時に自分の尊厳の表意でもあろう。小賢しく姑息な自分の表現、相手に対する猜疑心をもった礼なら、始めからしない方がよいということと解釈する。礼をするなら「礼」になる礼をしろ、そうでなければ礼などするなということであろう。

居合はやっても乞食はするな
　（福井春政　十九代宗家、竹嶋先生の師）

土佐の居合は見せ物じゃない
　（細川義昌[※4]）

　時代、社会の流行にへつらうこけおどしの小賢しい技、身体の使いに身を摺り寄せ、もの・ことの本質から目をそらせることのないように。居合を以て物欲しげに身を売ることのないように。「生命もいらぬ、名もいらぬ、金もいらぬ始末に困る人」と西郷隆盛に評された山岡鉄舟が脳裏に浮かぶ言い伝えである。

　さらに言えば、ドイツの心理学者であり、哲学者であるエーリッヒ・フロム（Erich Fromm, 1900～1980）は、有機体としての自分における自己開発、発展そして自己実現の重要さを述べ、幾つかの著書を残した。そのうちの一つが1976年に出版した『生きるということ』（原題：Haben oder Sein　※「持つ」ことか「在る」ことかという意）である。人の幸せを、権威主義（肩書き・名位、名称への従属）などの「持つ」ことに向かうのではなく、人間性・「在る」ことの開花を見ることに注意を向けたのである。つまり彼の主張は、**「"持つ"ことのための乞食になるな」**と解釈しても妥当であろう。西洋人としての彼の主張は有機体としての自分の成長、自己実現であり、まさに東洋人としての我々にも、「稽古」の意義の再考察、再確認を示唆している。

　明治期、土佐で生まれた自由民権運動は、薩長藩閥政府という権威に対し自由と民権の声を上げた。今、土佐で育まれた英信流が、まるごと全体としての自分、有機体としての自分を開花させる一助となればこれに勝る喜びはないであろう。

※4 細川義昌・無双直伝英信流下村派15代。今の高知県春野町秋山（村）で嘉永2年（1849年）11月10日に生まれる。居合は父義郷、そして下村茂市に入門、学ぶ。藩学致道館に入寮。当時土佐藩では、お馬回り以下の16～22才の者は月に20日、23～29才は月に15日は通寮し、文武二道を修めた。（馬回り：大将の乗馬の際、護衛にあたった騎馬の武士。―広辞苑―明治に入り、衆議院議員、土佐の自由民権運動などで活躍した。大正12年（1923年）2月24日歿。74才。

竹嶋先生夜話

　以下は竹嶋先生のお宅にお伺いし、くだけた雰囲気の中で聞かせていただいた居合道史を書き止めておいたものからの抜粋である。土佐弁による語りを聞き、記したもので、少しの解釈を加え、要点をまとめ箇条書きにする。6～7ページの系譜を参照されたし。

居合流祖と英信流始祖のこと

- すべての居合の流派は**林崎甚介**（室町時代）を流祖とすると言っても真実から遠くはない。がしかし、実際のところその技、動作、さらに現英信流の技との関連性は不明。
- 現在の英信流の技の体系はその名のごとく**長谷川英信**（徳川時代初期）によって編成されたと考えて間違いない。
- その変遷を見るときに考慮することは
  1) 社会情勢の変化（武士の社会の中での役割）
  2) 生活様式の変化（甲冑基本から着物、いわゆる素肌に変化、あぐら・立膝から正座への変化など
  3) それらのことから、刀の帯び方の変わり（刃を下に吊って携行から刃を上に、腰に差す）などである。
- 特に変化の 2) と 3) は徳川時代に入り顕著なところで江戸初期の人、長谷川英信による技の研鑽、再編成の必要性は容易に理解できる。具体的な技法の変化は、当たり前のことであるがその始めとなる「抜きつけ」（下からの抜き上げから横の抜きつけへの変化）と終わりである「納刀」（横に引く納めから、刀を鞘に上から二の字に当て、前に引く動きに変化）であり、あとはそこからの変化であろう。
- 闘争形態が野戦主体から街中、居住地内での戦闘へと広げられた中、長谷川英信が求め、もたらした変化の必要性を容易に理解できることがある。それは、生活様式の変化からきた正座を坐法として編み出された「大森流」が同じ居合として違和感なく長谷川流に組み入れられたことであろう。

幕末期に生まれた二つの派：谷村派と下村派

- **林六太夫**によって土佐の地にもたらされた長谷川流が下がって**大黒元衛門**の代に彼が、一子相伝とされた伝書を二人に渡したところに始まる。基本的な技術体系に相違があって分派したものではない。
- 大黒元衛門の次の代は林益之丞であるがその弟子の**山川久蔵**が師の**林益之丞**よりの伝書を受けず、大黒元衛門から伝書を受け門人を取るようになった。これが後に下がって幕末期下村派となる始まりである（この箇所、平尾道雄『土佐・武道と仇討ち』を参考にした）。大黒元衛門のあと始まった二つの流れは幕末期、これら流派の双璧と言われる**谷村亀之丞**と**下村茂市定政**を出し、その後それぞれを谷村派、下村派と呼ばれるようになった。
- 技の違いは基本的にはあまり見られないと言われるが、下村派の方が谷村派に比べ、鞘の扱いも含め少し複雑な動き、所作をするということ。
- **山内容堂**の居合の師、土佐藩校の居合の教授方は谷村亀之丞である。

口伝三

次に、竹嶋先生による"初発刀・前"技法考察

"前三年"、習いはじめに竹嶋先生に叩き込まれた心得。

抜き付け

- 抜き付けは、当流では技は大きく、その剣先が己の正中線に平行か、もしくはやや内なるを可とする。
- 史実に大江、穂岐山の両師は、柄を左方に取り抜き付け、同時代の行宗、細川の両師は柄頭が目標物に向かう技風の由、風聞する。
- 抜き付け時の鞘手については諸説あるも、当流古法では、必然的に生ずる特殊自体の他は鯉口を握らない。軽く左腰脇に付ける（身体全体の自由度を広げ、心の居着くことを嫌うところ）。つまり咄嗟の事態に備え、いつでも左手使用可能にする。

振りかぶり

- 刀の冠りは「耳元を突くがごとく」
- 当流は深き冠であるが、鍔元の頭上より下がらぬことを教えとしている。

壮年期　1983年当時の竹嶋壽雄先生

"初発刀・前"技法考察

打ち下ろし

●打ちおろしの深きは、小技に甘んずることなき我が流派の信条である。

血振い

●血振いの第一目的は文字通りであり、二義的には（刀の重さを利用した）手首の緊張緩和を含む。古伝に、柄頭と右肘の間に握り拳一つの間隔を強要している。剣先は高低を除けば抜き付けと同位置（その剣先が己の正中線に平行か、もしくはやや内なる）である。

納刀

●納刀は「抜き付けのごとく納むべし」とあり、柄を右方向に引きながら（又は下に落としながら）納刀することを戒めている。要は納刀の途上にありても直ちに抜き打ちの可能な柄の位置を示して居り、刀を納めるのみならず如何なる場合おも配慮していることを忘れてはならない。

手の内

●当流は八寸柄を規定とし、一甲二伏、一甲即ち左右の手の間に二横指の間隔を師伝としている。刀は徒らに深切れすることのみを主眼とするに非ず、斬撃後の可能性、柔軟性を考慮しての教えであろう。

※（　）内は、著者による注釈。

着座時の 袴さばき
Hakamasabaki

はじめ　袴のすそを左右にさばく。

刀の鍔には必ず親指をかけておくこと。

鍔の位置は正中線を目安に。

最後に親指を鍔からはずし正座に入る。

おわり

正座
Seiza

頭・背中から後頭部を立て、天を衝くように。

それにより背筋が自然に伸び、（前屈み、後ろ屈みにならないよう）天を衝けるように。

両膝の間隔は、二拳、ないし二拳半。

両手は指先を内にし、太ももの中程。

礼式（神前の礼）

神前の礼（着座・正座）刀礼 帯刀

Reishiki Shinzen no rei

神前の礼は、刀を右側に持ち、刀刃が神前に向かないように行う。

一

二

三

はじめ

刃を上、親指に必ず鍔をかけること。

刀の刃を前・正面に向けないこと。

正座之部

刀の持ち方
栗形に手をかけ、必ず鍔に親指をかけておくこと。

四

五

刃を上にし、鍔に親指をかける。

六

おわり

神前の礼（着座・正座） 刀礼 帯刀

礼式（刀礼）

Reishiki Tourei

対人に対する礼は、刀刃を自分に向けて行う。
刀は神前の礼と同様に身体の右側に置くこと。

はじめ　→　一　→　二　→　三

鍔を左股前に自然にとり右膝辺りを鞘が通るように鐺を置く。

七　→　八　→　九

刀の持ち方

刀を左手から右手に持ち替える時は、鍔にかけた左手の親指から右手の人指し指に持ち替える。

四　五　六

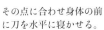

その点に合わせ身体の前に刀を水平に寝かせる。

十　十一

おわり

帯刀

神前の礼（着座・正座） 刀礼 帯刀

Taitou

はじめ 　一　　二　　三

七　　八　　九

正座之部

刀のさし方

下丹田から、三枚に巻いた帯の二廻り目と最後の一枚との間に刀を差し込み、袴の帯にかけて、腰に帯びる。

おわり

抜き付け―振りかぶり―打下し―血振い―納刀

前
Mae

前（初発刀）。土佐英信流の生命線、つまり居合術のすべてに流れ出る基本である、抜き付け、振りかぶり、打ちおろし（斬りおろし）、血振い、そして納刀が含まれる。"事相練磨"のこと。

演武方向から見て正面（神前に向かって演武は行わないこと）に向かい、正座の姿勢「第一の間」をとる。英信流居合稽古の呼吸は三呼吸めの"吸気"で動きを起こす。身体に不必要な力を込めないように、静かな吸う息で、左手（小指を栗形、親指で鍔を押す）で鯉口を切り、両膝を合わせながら右手に柄を渡す。（右手で刀を引き抜くのではない）右手を刀にかけ、「第二の間」をとる。

はじめ　　一

二

正中線と鍔の位置が
三角形をつくるように。

左右の手、鍔が、
下丹田・正中線の
前で合うように。

手の内の要訣

　全ての動作の起こりの部分で右手に刀をかける時、すでに左手が次の動きの全ての準備をし、自然に右手に渡ること。八重垣の脛囲いに入る時も同じで注意を要する。

　手の内とは掌の中、感覚は小指側に、親指に力を込めないこと。

小指を架ける

居合い腰となり、爪先を立てる。

居合い腰

腰に次への動きの可能性、潜在的な力をためる。具体的には、この位置から次の動作に、拍子をつけずに移行できる体勢。いられて（あわてて）、刀を棒抜きに引き抜かないということ。

三

四

　手の内の感覚は技である。

　技とは、意識を持った練磨により、自然という原材料をもとに耕され、獲得される新たな癖であると解釈される。技の習得は意識を使い練磨、習得された技の使いは自然（癖・意識、無意識の論議のない世界）に。

親指は刀の腹。
左手親指で、
刀の腹をなぞる。

前　抜き付け―振りかぶり―打下し―血振い―納刀

　「初発刀」とは「前」の原名である。その言葉が表すように、英信流すべての技の初発となるこの技から、"前三年"と言われ、居合稽古に入る。

　土佐英信流居合稽古展開の始めには、沸き上がる内の力・勢いを、それの赴くまま飾りごとなく、素朴に発露するべく、大きく右足を踏み込み抜きつけるよう教わった。

　そして、稽古による技の推移の上、自分の上でそれが独りよがりの花とならぬよう、「そこで認められた感覚を持って、自分・身体の中と外から音をはじめ、ざーついたモノ[※1]を消していきや。それが居合というもんよ[※2]。」と竹嶋先生（口伝：居合とは音を立てるに非ず）より教わったものである。

※1 土佐弁で「ざーついたモノ」は、不必要なモノ。
※2 「もんよ。」は、（……ですよ。）の意。

柄頭が確実に相手に向かう。柄頭を通じて相手との関係を確証する。

五

六

七

"刀が鞘を離れる"、ということで刀を鞘から引き抜くことではなく、射られ、放たれた矢のごとくのイメージをもってもらえればよいであろう。

息を吐きながら抜き付けに動作を移す。

適度な弛み

親指は刀の腹

竹嶋先生より拝受の写真とその裏書（右）

土佐の居合の初心・原点は飾り気を捨てた素朴さ。そこからの展開であり、それ（初心）を忘れず上達、進歩していきなさいということであろう。

正座之部

×悪い例

居合腰とは潜在能力・可能性を内在させた動き（線）の上の一点であり、自分の内外に在る時間の流れを切り、空間を力で固め消失させるものではない。

抜き付けとは、ただ刀を横に抜き放ったものではない。左に述べたように特に初期の段階では、身の内から沸き上がる力を、素朴に発露することも大事である。

㈧

㈨

鞘を取る手は抜き付けと同時に開く。土佐英信流では"居着く"ということを嫌う。握りしめるということによる心身の居着きからの解放である。

細川義昌先生（明治41年頃）

鞘をとる手は開く。

前 抜き付け―振りかぶり―打下し―血振い―納刀

口伝
冠る拍子に拳の下がるあり、業の糸筋続かずして甚だ悪し

切っ先を耳たぶに突っ込むように。

十　　　　　　　　　　　　　十一

手の内の要訣2
右手にて抜きつけられた刀が振りかぶられ左手に渡る際の注意点は二つ。まず一つの動作で左手の内に入ること、次に、右手の力が当たり前（自然に）に抜けること。手の内の感覚は技である。技の習得は意識を使い練磨、習得された技の使いは自然（意識、無意識の論議のない世界）に。

横から見たところ。

正座之部

左右の手が目線より上、額の前で合掌をするここちで。

左右の柄の握りは、頭の天こす※1から拳一つ上。
※1 てっぺん

十二

十三

右手で振りかぶった刀の柄を、左手に自然に渡す。つまり左手で柄を取りにいかず、左手に渡した右手からは自然に力が抜けておくこと。

悪い例　悪い例

柄が手の内・掌の中に不必要な力での握りしめでなく、しかし、はっきりと入っていること。

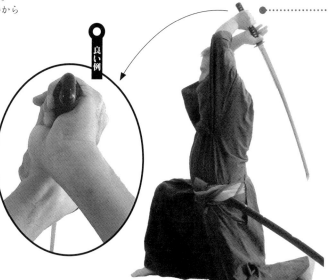

良い例

前 抜き付け―振りかぶり―打下し―血振い―納刀

柄頭は下丹田から
拳一握りか、
一握り半。

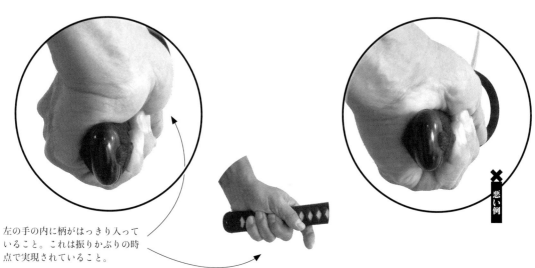

左の手の内に柄がはっきり入って
いること。これは振りかぶりの時
点で実現されていること。

悪い例

正座之部

右手は柔軟性を保つこと。特に、右手親指と人差し指は握りしめないこと。

鍔と右手の間に卵が乗るくらいの余裕があるように。

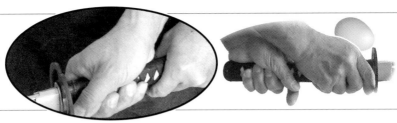

左手の力を抜き、右手で刀を左手から抜き取る。

右手で振りかぶった刀の柄を、左手に自然に渡す。つまり左手で柄を取りにいかず、左手に渡した右手からは自然に力が抜けておくこと。

口伝

打込は手の内いかにも和らかに冠り
体を能く延ベ
腰に覚えて
小指より順にしめる
また右の手勝ちて
右の小鬢より
打込有曲藝と
言べし拳を揃え
締りよく調ふ時は
太刀真直に下りて
切れ心地よしと
知るべし

前　抜き付け―振りかぶり―打下し―**血振い**―納刀

血振(ぶる)いの一連の動きには機能があり、ただ刀を振り回すことのないように行う。

㈧　㈨

✕ よく見かける悪い例

正座之部

敬礼をするごとく、右手を額の右、中指が髪の生え際(あればね)に触るように。

傘のしずくを振り払うように。刀の重さで右手から、打ちおろしはじめ一連の動きで生じた緊張を振り払う。

体重を前に持って行く。

指先から力を抜き、刀の重さで行う。

円の中心、動きの支点を認知すれば、簡潔な身体表現は可能となる。

前 抜き付け―振りかぶり―打ドし―血振い―納刀

球体を
イメージする。

しっかり右足に自分の体重がかかって
いることを認識・確認して立ち上がる。

二十三　二十四　二十五

右足を引く
悪い例。

よく見かける悪い例

正座之部

㊇

㊆

先ず身体をゆるめ、腰を落とし自重を
後ろに引く動きに、足が付いて行く。

口伝

血揮いは
握りを緩め
大指と人差指と
二本にて
肩へ取り
人差指より高々指を
次第に締め
臀を拡時は
自然と太刀円く
おりる也

41

納刀の要訣

刀身と左腕が"二の字"になるよう刀を引く

刀を、右に引いたり、柄頭を落として引かないということである。

鯉口の握り方

親指を立て、後の四本は軽く握る。

悪い例

正座之部

人差し指を立て、刀を
横に引く悪い例

✕ 悪い例

人差し指を立て、下に
刀を落とす悪い例

特に人差し指は、く
れぐれも、立てる癖
を付けないこと。

前 抜き付け―振りかぶり―打下し―血振い―**納刀**

下丹田に向け刀を納めるここちで納める。

刀は正中線・前に向けて引く（右横ではない）。

右手小指が柄上から右側に外れ、落ちないように。

正座之部

㉛

㉜

おわり

左手親指で鍔を取り鯉口
を納め、柄頭を右手で押
さえ静かに立ち上がる。

右・左・後
Migi・Hidari・Ushiro

大江先生変更前の大森流呼称では、それぞれを"右刀・左刀・当り刀"といった。

右

演武線上の正面に対し右向きに正座。

右膝頭を軸とし左廻りに90度回り居合腰を作る。

左足を一歩踏み出し抜き付け。

全ての動作の基本的要領は「前」と同じ。

血ぶるいの立ち上がりは右足を左足に引き付ける。

抜き付けで踏み込んだ方の足（左足）を引き、左膝を床に下ろし納刀。

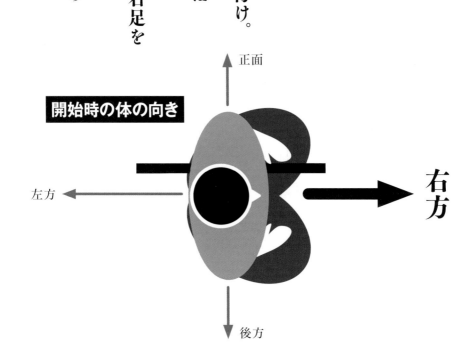

開始時の体の向き

正面
左方　右方
後方

左

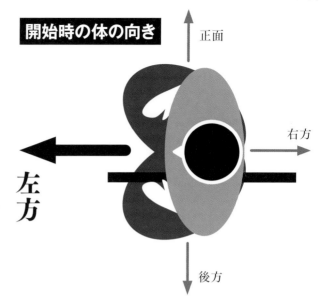

開始時の体の向き

演武線上の正面に対し左向きに正座。

左膝頭を軸とし、正面に90度右廻り、右足を踏み出し抜き付け、他、基本的動作は全て「前」と同じ。

後

演武線上の後ろ正面に右回りで正座。

右膝を軸に左へ180度回転、左足を踏み出し抜き付け、他、基本的動作は全て「前」と同じ。

血振いと納刀時の足の運びは「右」と同じ。

開始時の体の向き

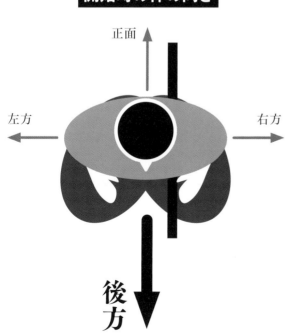

八重垣

大森流呼称は陽進陰退。

Yaegaki

はじめ

正面に向かい正座した状態より前・初発刀同様に抜き付ける。

左足を右膝の元に引き納刀。

この時、倒れた敵が右膝に斬りつけてくるところに依って、左足を後ろに引きつつ立ち上がり、

手の内での柄の操作・技

右手は動かさずにそのまま、その右手の手の内で、左手で刀・柄を外側に回し、柄を水平にする。水平となった柄に（柄の腹）右手の掌を垂直に押し当てていく。

正座之部

長谷川流の血振い

両の手の内（小指側を使う）をもって絹を引き裂くここちで刀を水平に横に払う。

退く敵を、左足を前に踏出し上段に振りかぶり右膝を着き、これを斬りおろす。※注意：腰を伸ばし、立ち上がらないこと。身体の水平感覚と垂直感覚をよく保つこと。

六

七

八

長谷川流の血振い

B視点

十三

十四

十五

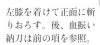
十六　おわり

刀（鎬）で右膝を囲う。

半身になった身体を正面に向け、上段に振りかぶり、

左膝を着けて正面に斬りおろす。後、血振い納刀は前の項を参照。

竹嶋先生による脛囲い。

49

受流 一

Ukenagashi 1

大森流呼称は流刀。受け流すとは敵の刀をがっしりと受け止めることではない。

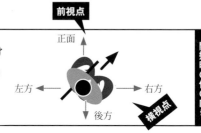

方向転換

注意 受け流す時の左肩の使いは、相手の勢いを削ぎ、流し、崩す。

受流 二

Ukenagashi 2

前視点

振りかぶり、斬りおろしの時、左手で刀・柄を掴み取りにいかないこと。

胸の前あたりで右手で柄を左手の中に渡し、崩れた相手に斬りおろす。

八

九　向きを踏み換えると同時に左足を抱え上げる

十　左足を元の位置で踏み右足をあげる

十一　左足の位置に右足を踏みしめる

踏みしめることで、飛び上がることではない。

足の踏みは、左足そして右足で"トン"、"トン"。両足が同時に浮かないこと。

注意 右手からは、手首より力を抜くこと。

右手を上より逆手に持ち替え、柄を握る。左手は柄からはずし、鯉口を取る。

血抜き・納刀

左足を左斜め後方に引き、右太ももの上に刀の棟を預ける。

受流 三
Ukenagashi 3

前視点

正座之部

逆手

逆手で、膝を地に着けながら納刀。目付は倒れた相手へ向け続ける。

⑱ ⑲ ⑳ おわり

逆手

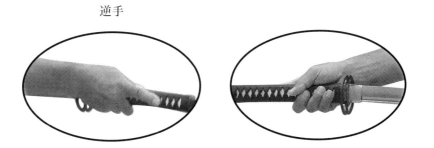

介錯

Kaisyaku

大森流呼称は順刀。柄頭を水平に抜き、静かに行う。演武会などでは行わない。

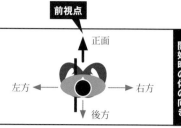

はじめ　正面に向かい正座。

正座之部

右足を後ろに引く右腕はほぼ右肩の高さ。刀は肩に担ぐように。

左斜めに斬り下ろす。

逆手で納刀。

おわり

附込 一

Tsukekomi 1

大森流呼称は逆刀。相手との関わりの中で作り出される機会に乗じる。

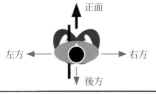

開始時の体の向き

正面、上段から斬り込んで来る敵の勢いに、右足を踏み出し、柄頭をもって対する。刀は地面と平行。

前視点

はじめ　一　二　三　四　五

正面に向かい正座。

踏み出した右足を後ろに引き両足を揃えながら、相手の刀をすり落とす。

横視点

正座之部

さらに次は充分に踏み込み、双手で腰まで斬りおろす。

敵の真っ向、上段に、右足、左足と進んで第一刀を、敵が間合いの外に退くところに軽く出す。

注意 この箇所は相手に息を継がせないように連続動作で行うこと。

附込 二

Tsukekomi 2

注意 柄頭は目を隠すことなく額の前。上段に振りかぶるのではない。

注意 右足を後ろに引くことではなく、左足に体重を乗せ、体全体（正中線を崩さず）を後ろに下げることである。

右足を後ろに取り、左上段に構える。

正眼に構えを取りながら右腰を着き残心・間をつくる。

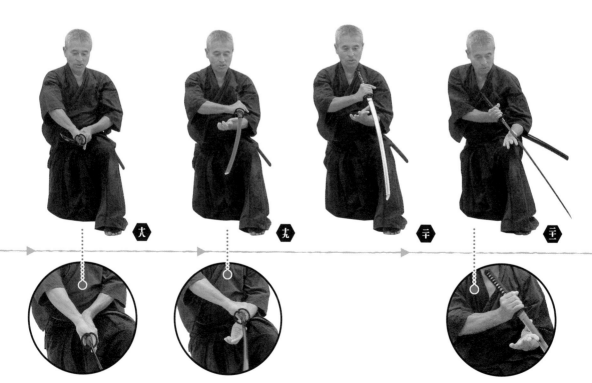

右手を逆手に握り替え、鍔の前で、親指を刀身の腹に当て左手掌を上にし、刀の棟を乗せ、右手を右肩に引く。

納刀

注意 左手は、左足の膝中央から必ず左側にあること。

逆手で納刀

月影

Tsukikage

大森流呼称は勢中刀。相手の前臂（肘から手首まで）に抜きつけ時、我が刀の下から月の影を見るごとく。

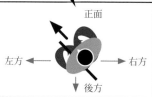

開始時の体の向き

柄頭の位置に注意。

一

二

三

四

はじめ

正面に対し、左斜めに向かい正座。

正面から上段に構え攻めて来る敵に対し、足指を立て、腰を中腰（伸ばさないこと）にとり、柄頭を相手に向かって伸ばしていく。

九

十

十一

十二

左足で右足に継ぎ、両手にて上段に振りかぶり、

右足を出し、真っ向を斬る。

立ち姿勢のまま、血振い、納刀。

正座之部

柄頭の位置

柄頭の位置は相手との関係を基に操作され、表現されるべきものである。刀を抜きつける前、必ず柄頭をもって相手と自分の関係を確認すること。

右足を敵に対し踏み出し、敵の裏篭手又は前腕を斬る。

追風

Oikaze

大森流呼称は虎乱刀。後ろから吹いてくる風に"ふっ"と背中を押され、自らがその風自体になり相手との間合いを詰め抜きつける。

正面に向かい、立ち姿勢。

腰を居合い腰に落とし、上体を前に倒しながら、左手は鯉口、右手は柄を取り、柄を胸に取る。

一

二

三

四

はじめ

十

十一

十二

おわり

右足を踏み込み、抜き付ける。

左足を踏み出し上段を取り、右足を踏み込み真っ向を斬る。血振い、納刀は月影と同じ。

正座之部

虎走り

小刻みに走り、左足を前に踏み出しながら抜き付けを始め、

五　六　七　八　九

注意　動き・走りの起こしは自らの体重を前に乗せ、移していくことに由ること。足を前に踏み出していくのではない。

真向

Makkou

大森流呼称は抜打。

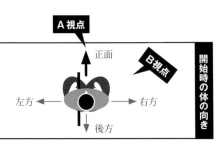

開始時の体の向き

はじめ　　一　　二　　三　　四

正面に向かい正座。

八　　九　　十

正座之部

A視点

五　六　七

十一　十二　十三

納刀。

おわり

第二章 立膝之部

長谷川流居合

長谷川流居合は、今日、無双直伝英信流（大正末期大江正路により大森流と統合され呼称された）、また土佐直伝英信流（平成7年、第二十代宗家竹嶋壽雄によって次期宗家継承式を機に改称された）とも呼ばれる抜刀術。流祖を出羽国、楯岡の林崎甚助（室町時代〜戦国時代にかけ知られた剣客）に求め、流祖より七代下った長谷川主税助英信が、師の流れの上に編み、起こしたものである。

（長谷川流）立膝から奥居合へ

　歴史とは、それに関わり、声をあげる機会を得た者の関心、価値基準、意図などに基づき選択されたこと・ものによって作り上げられるものである。つまり、言い換えれば、そこに関わる一定の者の関心、価値基準、意図の違いに応じて事実は選択され、伝えられる話も変わってくると言ってもよいだろう。

　上の真理を踏まえた上で、土佐英信流、流儀の話を、エポック（歴史的な転機）を追って述べれば、

　立膝以降奥居合立業まで、江戸期までは一般に長谷川流と呼ばれた部類にはいる。簡潔に言えば、林崎甚介を抜刀術の始祖とし流れ出た居合に、当時の武士を取り巻く環境の変化に合わせ、創意工夫を重ねた長谷川主税助英信により組み立てられた身体操作の体系であると言っておくのが適切かもしれない。なお長谷川主税助の生涯に関しては多くが不明である。

　次は林六太夫（享保17年（1732）没、墓所は竹嶋先生により確認済み）により、長谷川流居合が、彼の剣術の師、大森六郎左衛門の編み出した正座之部（大森流）と共に土佐の地に伝えられたことであろう。以降、土佐では長谷川流（立膝、奥居合）、大森流（正座）として伝えられることになる。

　竹嶋先生からも拝聴したことながら、ここでは『土佐／武道と仇討ち』（高知新聞社刊）の平尾道雄氏の言葉を引用する、

「林六太夫守政の剣術の師にて大森六郎左衛門、神影流古流五本の仕形に神伝（林崎重信の伝）の東方を加え、初めて大森流と名乗り候由」

　この大森六郎左衛門はひとたび師家から破門せられ、帰参の場合、その礼として大森流十一本を持って来たそうだが、その師家とは長谷川英信のことであろうか。

　最後は明治期に入り大江正路により、上記の二流が無双直伝英信流として一つにまとめられたことである。このことで注意すべきことは、技の名称が幾つか変えられ、さらに技の数が一説に四十数本あったといわれる立膝から奥居合にかけての技を今の数に整理（立膝十本、奥居合立膝、立業合わせ十九本）されたことであろう。

　以上の観点から立膝に関して留意点を見てみよう。

まず立膝という座位に関して、

・この座位の出発点は、江戸期の生活様式（畳の上に正座）とは情況の異なる野戦をも含めたものであるということ。

・座位の取り方、例えば首筋で天を衝く心地、心構えは正座と同じと思って間違いない。ただ両足に腰を乗せる正座と違い、片方のかかとに腰を乗せる座位での背骨の立て方を感覚で掴むことが重要である。

・刀法については、武士が戦国時代をくぐり抜ける中で編み出された身体操法であるので、大森流（正座之部）と拍子（リズム）を変え、一気呵成に身体を扱うよう心がければよいだろう。ただしこのことはいられ（せわしなく）取り乱し、急ぎ動くことではない。一時一事。あわただしく、筋肉に任せ急ぐ動きと、自身が動き自体となり速く動く違いを認識、理解すべきである。

はじめ

一　左手で鍔を押さえ腰を屈め、右手で左足の袴を払う。

二　左足の膝を下ろす。

三　続いて右手で、右足の袴を払う。

四　正中線を意識し、左足の踵に尻を乗せる。

おわり

長谷川流 血振い、納刀

Hasegawa ryu Chiburui, Noutou

はじめ 一 二 三 四

一　血振いの後、刀身と左腕が二の字を描く様に刀を引き、柄頭を相手に向けるように。横に引いたり、下に一度落とし、しゃくり上げるようには引かないように。

二　左足に体重を乗せながら徐々に納刀を始める。体重が左の足・膝に確実にあり、右足が自由であることを確認し、前の足をまず真っすぐに引く。

三　瓢箪型に右足を横に回し引き（「右足を、ひょうたん型に引き回す」と教えられた）

立膝之部

五 左足に添える。

六 半分まで納めた刀を下丹田に鍔を収める様に納めていく。鯉口を閉じ左手親指で鍔を確実に押さえる。残心。

七 右手で柄頭を取り、右足を一歩踏み出し立ち上がる。閉足立ちになり息を吐いて柄頭から手をはずす。

八

おわり

口伝

一説によると、立膝で足を引くのは、当時の武士（甲冑装備）が野外で草履（草鞋）を穿いた状態で立座の際、また納刀等で足を引く際に足裏に石が溜まるのを避けるため、それを払う動作が変化したものとされる。

横雲

Yokogumo

居合腰で、雲が横に流れるが如く。

開始時の体の向き
正面／左方／右方／後方

> **留意点**
>
> ## 居合腰
> 腰に次への動きの可能性、潜在的な力をためる。具体的に言えば、この位置から、次の動作に、拍子をつけずに移行できる体勢。いられて（あわてて）、刀を棒抜きに引き抜かないということ。柄頭が確実に相手に向かう、柄頭を通じて相手の位置・関係を確実に確認するということ。

はじめ　→　一　→　二　→　三

一　正面に向かい、立膝の姿勢（第一の間）をとる。息を吐く。

二　身体に不必要な力を込めないように、静かな吸う息で、左右の手を同時に刀にかけ、第二の間をとる。

三　息を吐きながら抜き付けに動作を移す。
▶居合腰留意点

八　九　十　十一

八　長谷川流血振い。左手は鞘を掴まず開く。

九　以降、長谷川流血振い・納刀の項参照。

立膝之部

抜き付けの動作の始まりより、序破急を一つの拍子、呼吸で抜ききる。

おわり

虎一足

一気に足を引く様。

Toranoissoku

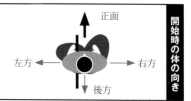
開始時の体の向き

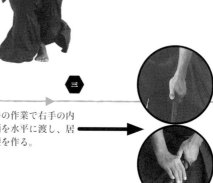

▶▶ 留意点

居合腰

居合腰の本質は、そこに存在する、潜在的に内在するエネルギーにある。居合腰を作るときの感覚は、"どう骨(背筋)をすっきりとこわばらせず立てた感覚を持つこと"

はじめ　心得前記述の通り。

一　二　三　左手の作業で右手の内に柄を水平に渡し、居合腰を作る。

八　長谷川流血振い、左手は鞘を掴ます開く。

九　以降、長谷川流血振い・納刀の項参照。

十　十一

立膝之部

左足を後ろに引き、腰をひねり、刀の鎬で右膝を守る。脛囲い。　　　　　　　　　　　　　振りかぶり、　　左膝を着けながら斬りおろす。

おわり

稲妻

稲妻が空を裂くが如く。

Inazuma

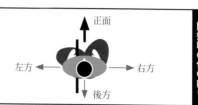

開始時の体の向き

はじめ
心得前記述の通り。

一

二

三
立膝から垂直に上がり居合い腰をつくる。柄頭は相手の前腕あるいは裏篭手につける。

四
左足を後ろに引き、刀を抜き払う。

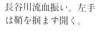

八
長谷川流血振い。左手は鞘を掴まず開く。

九
以降、長谷川流血振い・納刀の項参照。

十

相手の裏篭手あるいは臂を斬る。

振りかぶり、

左膝を着けながら斬りおろす。

おわり

浮雲 一

Ukigumo 1

三人屏座※の左端にいると仮想。相手との距離が近い条件下における身体操作。

※横に並んで座った状態。

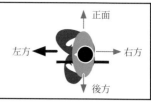

開始時の体の向き

正面／左方／右方／後方

BがA越しに刀を取りに来たと仮想

はじめ → 一 → 二 → 三 → 四

三：立膝から立ち上がり居合腰を作りながら、

四：鯉口を握り左足を横に引き左手にとった柄を横に開く。

足先のポイント
つま先が着地し踵を浮かす

八：柄で斜め前の相手（A）を押退ける様に刀を高めに抜きながら大きく回し、

足先のポイント
足先を返す小指側が床に

九

立膝之部

五

刀を胸にとり左足を寄せる。
刀は胸に寄せて、

足先のポイント
左足を右足前。足先は正面に。

六

胸前で右手で刀をとり正面に体を向ける。

七

胸前の刀を時計回りで腹前に落とし鯉口を切って、

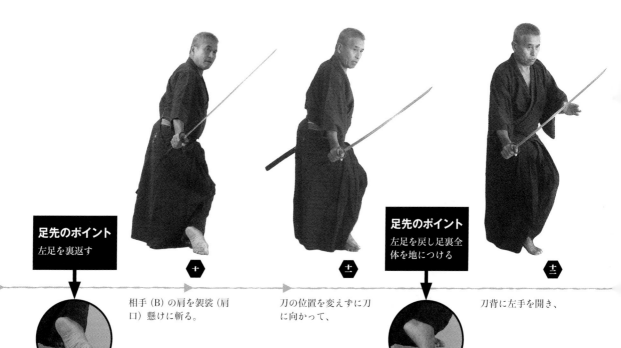

足先のポイント
左足を裏返す

十

相手（B）の肩を裂袈（肩口）懸けに斬る。

十一

刀の位置を変えずに刀に向かって、

足先のポイント
左足を戻し足裏全体を地につける

十二

刀背に左手を開き、

81

浮雲 二

Ukigumo 2

足場、立ち位置の悪条件の
もとで、浮き雲の如く。

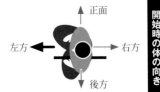
開始時の体の向き
正面／左方／右方／後方

⑬
打ち出す様に押し、

⑭ ／ ⑮
押さえ込み、左膝を立てる。／刀を横に、

⑲
正面に向き直り振りかぶり、

⑳
初動作は真直ぐ打ち下ろす。

㉑

途中、相手が逃げて動いたと仮想

斜め方向へずらしながら、

立膝之部

㊉ 薙ぎ払う様に（足先と膝の三角線上方向へ）引き倒す。

㊆ 右手を支点に左手で刀を後方へ。

㊅ 右肩で両手で刀をとる。

㊁㊁ 斬り下ろす。

㊁㊂ 体は相手の方向。

㊁㊃ 体の方向はそのまま長谷川流血振い、納刀。

おわり

颪 一

Oroshi 1

柄頭で当身を入れ、その後抜きつけの時は必ず身体を寄せ体重をかけ行う。袈裟に斬り付けた後は、動かさずそのままで身体を相手に寄せて行き、左手に自重をかける。

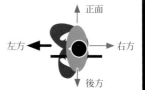

相手が柄を取りに来たと仮想

はじめ

一

二

三

柄を握りながら時計回りに一回大きく回し（豚の胴体）その後、小さくねじ込むように回しながら柄頭にて当身。

六

七

斬りつける時はじめて腰をひねって右足に左膝を寄せる。身体を捻って、左足を右足に引きつけ袈裟に斬る。

立膝之部

強く短く、すばやい動きで相手の眉間又は鼻下を打つ。

当身をする際、右足を音をたてて踏出す。

肩口に斬りつけた刀の位置はそのまま、自分の身体を相手の身体に向け、左足を進め身体を寄せる。左足は正面に対してほぼ直交。膝先は右を向く。この時、左手の方が右手より高い位置にある。

颪 二

Oroshi 2

山から吹き下ろす颪の如く勢いで。

足でつくった三角形の前辺方向に引く。

引き終わった際、右手の方が左手より高い位置。右肘に余裕があるように。

正面に向き直り振りかぶり、

斬り下ろす。

長谷川流血振い。以降、長谷川流血振い・納刀の項参照。

おわり

立膝之部

右手を支点に左手で刀を後方へ打ち出す様に押し右肩で両手で刀をとる。

刀の下に体を移し、

岩浪 一

Iwanami 1

浪が岩に当たるところ（写真八・十）の表現では、切っ先が相手に見えないように注意する。

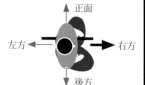
開始時の体の向き

はじめ
一：右身。心得前記述の通り。
二：
三：右へ居合腰（柄は下）で、抜く。右足は、全て床に付け、左足の踵は浮いている。

場に虚をつくる
相手の備えをこわす。

左手指先のポイント
切っ先を相手に見せない。

七：
八：左手右膝の外。右足をトンと踏み込み相手の虚を突く。（波が岩に当たったイメージ）
九：その後、波が引くようなイメージで膝が伸び爪先立ちに。

切っ先の位置

　岩浪は膝、滝落、門入は胸より切っ先が無用に出ないこと。

その足形のまま正面を向く。刀は剣先を切り返して切っ先が正面へ。

正面を向く。

右手を右膝より前に出さない。足の位置ほとんど変わらず、（左膝が右足くらい）左膝を付きながら、

相手の喉を突く。（再び、波が岩に　当たるイメージ）右手右膝外。

> **▶▶ 留意点**
>
> この際、左手の位置は余り動かず、ビリヤードのキューのように刀身を動かす。（手は伸ばさない）その後体とのバランスで、左手が前。

右足を斜め後ろに送り足で三角形を作り、

岩浪 二
Iwanami 2

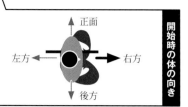
開始時の体の向き

⑬ 左手上から相手を切り落とし。

⑭ 足でつくった三角形の前辺方向に引く。右手は左手より高い位置となる。

⑮ 左手で刀を跳ね上げ振りかぶる。

⑲ 正面に向き直り振りかぶり、

⑳ 斬り下ろす。

㉑ 長谷川流血振い。以降、長谷川流血振い・納刀の項参照。

おわり

立膝之部

右肩翻し上段にとる。この際、右手の位置そのままでも、体の近くに取るかは自由。

刀の下に体を移し、

鱗返

Urokogaeshi

鱗を返すが如く。
相手が自分の左側から来ると仮想。

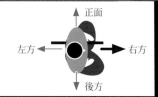

はじめ
右身。息を吐く。（第一の間）

二
身体に不必要な力を込めないように、静かな吸う息で、両手で刀をとる。（第二の間）

三
右膝を立て左回りで中腰の居合腰をつくり、（まだ抜かない）

八
その勢いで抜きつける。

九
柄頭を合わせたところで止まらず、一つの流れで止まらずに行う。

十

立膝之部

 ④
 ⑤
 ⑥
 ⑦

確実に刀の柄を抜き付けの方向、相手に付け。（抜き付け急がないこと）

確実に柄頭を相手に付け、

左足を後ろに引きながら、

 ⑪
 ⑫
 ⑬ ⑭ おわり

振りかぶり、

斬り下ろす。

長谷川流血振い。以降、長谷川流血振い・納刀の項参照。

浪返

Namigaeshi

浪が返るが如く。
相手が後ろから来たと仮想。
最初の背中の位置より前に出ずに行う。

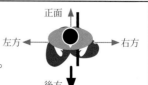

開始時の体の向き

後身。
（第一の間）

一

二

三

はじめ

息を吐く。身体に不必要な力を込めないように、静かな吸う息で、両手で刀をとる。（第二の間）

両足先で中腰・居合腰となり左方向に正面に回り、（この時、抜き付け急がないこと）

八

九

十

立膝之部

④ 刀の柄を抜き付けの方向、つまり相手に付け、

⑤ 左足を後ろに引きながらその勢いで抜きつける。

⑥ 一つの流れの中で、左足を後ろに引き刀を鞘から走らせる。

⑦

⑪

⑫ 長谷川流血振い。以降、長谷川流血振い・納刀の項参照。

おわり

滝落 一

Takiotoshi 1

後方より相手が
鞘を取りに来ると仮想。

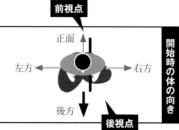

開始時の体の向き

前視点

一　後身。心得前記述の通り。

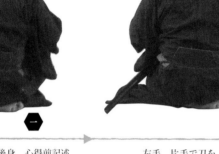

二　左手、片手で刀を取りにいく。

三　居合腰となり、

はじめ

後視点

右手は右太ももの上。

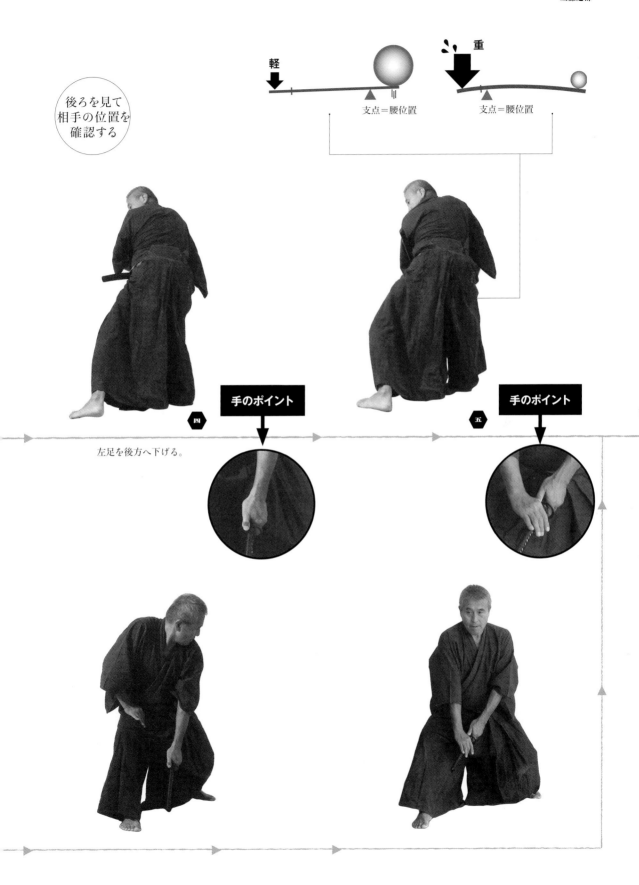

滝落 二

Takiotoshi 2

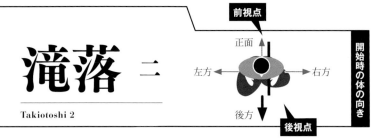

六

七

八

左足を振り子の分銅の様に使い右足前に出し、柄を胸に取る。脇が空かない様に注意。次に両手で柄を円を書く様に右腰に落とす。

注意 左足を前に踏出し反り身。この際、柄を胸前へ。

脇が空かないこと

鞘を掴んだ相手の手首関節の逆手をとる。

九

十

十一

刀を水平にし、刃も水平にする。鞘の操作（先を払う感じ）で相手の手首関節に逆技をかけながら払いのけ同時に刀を抜く（左足は正面を向く）。

滝落 三

Takiotoshi 3

岩浪と同じく、写真十三で相手に切っ先を見せない。

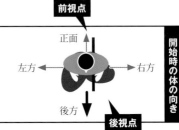
開始時の体の向き

前視点

十二

十三

十四

十五

刀を身体から離さず切っ先が身体から出ないよう

足の踏み換え

まず左足を踏み、その後右足を踏み、刀の刃を水平に敵の胸を突く。英信流では両足が同時に宙に浮くことを嫌う。片足は必ず地に着いていること、飛び跳ねないこと。身体上、心法上の自己認識に関する問題としてとらえるよう。大森流・正座之部の「受け流し」に関しても同様である。

後視点

立膝之部

右足を一歩前へ。

左足を地に付けて、打ち下ろし。

長谷川流血振い。以降、長谷川流血振い・納刀の項参照。

おわり

真向 一

Makkou 1

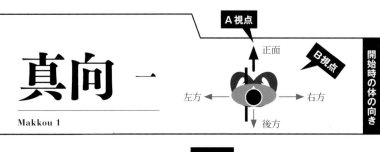

開始時の体の向き

はじめ

三　腰を浮かし両つま先を立てつつ（居合腰）刀を前に床と平行に抜く。

七　腰を落とし、

九　斬り下ろす。この時爪先は立てたまま。

立膝之部

振りかぶり、

両足爪先を立て、つけた両ひざを左右に開き、

Ａ視点

長谷川流血振い。

真向 二
Makkou 2

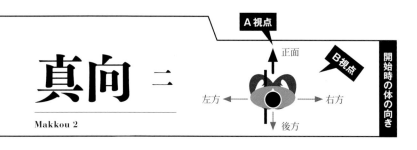

▶▶ 留意点

小指が柄の縁から外れ落ちないこと。刀を横に引かない、あるいは下に落とさないこと。

腰を両踵の上に乗せつつ納刀。

第三章 奥居合 立膝之部

奥居合

抜きつけより納刀、残心までその諸動作は一つの流れ、拍子（「間」抜けに注意）を大事とし、「間」音を立てないことを旨とすること。

奥居合全般について言えることであるが、奥居合の演武の一つの鍵は身体の持つ〝鞭〟の構造と〝働き〟の考察と現実化である。

具体的に言えば、刀の操作は身体全体を使って創り出された動きの流れの中で扱われるものである。鞭構造の活用とは身体各部の連動、力の伝達、力の込めと緩めを一つの動きの流れの中に持つということである。

身体と鞭の動きの問題の核心、つまり解く鍵は、身体にすでに内在する、〝機能〟をもつ〝構造〟と〝材質〟、そして技として獲得すべき、〝緩める〟、〝動きを）起こす〟、〝（それを）伝達する〟、そして〝リズム化させる〟、〝（状態を）変化させる〟といった感覚である。身体自体が主体となるべき問題である。高察を期待するところである。

そうしたこともあり本章奥居合立膝そして立業と進むにつれ意図的に解説の比率を少なくし、各自の知性ある感覚による体得に期待を込めるかたちとした。

霞 一

Kasumi 1

相手の出を挫き、霞を掛けるが如く。こちらの動きをはっきりと掴ませない。

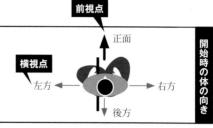

開始時の体の向き

※霞とは「はっきりと物が見えないこと」を指す。

はじめ 一 二 三 四

奥居合の抜き付けは、左右の手、身体の前傾を一挙で。

奥居合 立膝之部

五　六　七

正面に抜き付けた後、
刀を切り返す"一動作"

八

107

霞 二
Kasumi 2

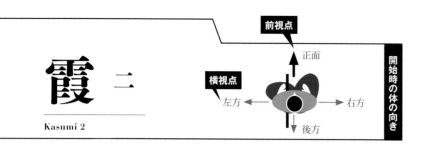

⑨　⑩

身体を前にかけ、

奥居合 立膝之部

左膝を右足に寄せ、
刀を左に切り返す。

霞 三

Kasumi 3

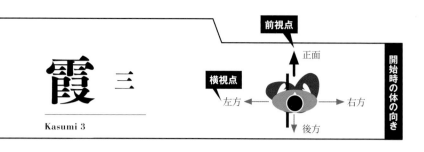

左への切り返し。

左膝を右足に運ぶ。

奥居合 立膝之部

右足を踏み出し、振りかぶり、斬りおろし。

右足を一歩踏み出し振りかぶる。

霞 四

Kasumi 4

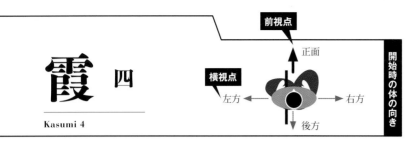

斬り下ろし、　　　　　　　　　血振るい。

奥居合 立膝之部

奥居合の納刀は、すべて六〜七分までは一気に納め、残りは左膝に体重が確実に乗っているのを確認し、まず右足を真っすぐ引いたのち瓢箪形に右に回し、左足を添え、残心を構える。(以降、長谷川流血振い・納刀の項参照)

霞 五

Kasumi 5

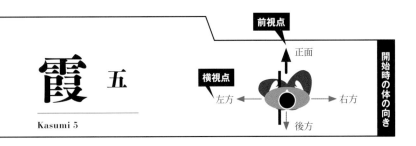

奥居合 立膝之部

 おわり

脛囲

Sunegakoi

立膝の「虎一足」と同じ。違いは一挙動、一つの流れ、つまり、一つの吐く息で、刀の抜き、払い、振りかぶり、斬り下ろしを、身体の鞭構造を活用し行うところである。

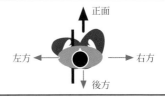

奥居合 立膝之部

血振い、納刀は「霞」に準ず。

戸詰

Tozume

相手が右斜め前、左斜め前にいると仮想。

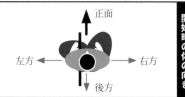
開始時の体の向き

はじめ　一　二　三

右斜め前の敵に対し抜き打ち。

六　七　八

左手で刀をつかみ取りにいかず、刀は右から左への流れの中で、身体全体を使い、扱われること。

奥居合 立膝之部

手首の返し、身体の鞭構造を使い、左前の敵に対し右足を踏み出す。刀は大根を斬るように切った後、跳ね上げないこと。

血振い、納刀は「霞」に準ず。

戸脇

Towaki

相手が斜め前方と、後方にいると仮想。

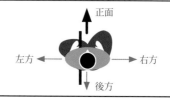
開始時の体の向き

正面／後方／左方／右方

はじめ　一　二　三

柄頭は右斜め前の敵につける。

七　八　九

右斜め前の敵に向かう。

奥居合 立膝之部

④ 左後ろの敵に対し、返り見ながら刃を水平にし、突く。

⑤ この時、正中線を崩さずに行う。

⑪ 血振い、納刀は「霞」に準ず。

おわり

四方切 一

Shihougiri 1

前に三人、左斜め後に相手が居ると仮想、四方を斬る。腰から始め、背骨、肩の柔軟さにより動き、手首の練るような返しを心に留めておくこと。

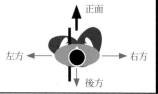
開始時の体の向き

はじめ　一　二　三

柄頭は右斜め前の敵につける。

七　八

奥居合 立膝之部

四　五　六

九　十　十一

四方切 二

大根を切るように切った後、刀を跳ね上げないように注意する。

Shihougiri 2

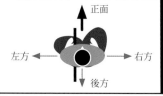

開始時の体の向き

切り返し並びに四方への方向転換は、手首を柔軟にし、身体全体を使った一つの流れの中で創り出されたものとなるように。
悪例は、斬って跳び返るように戻り、「よっこいっしょ」と方向を変え、また斬って跳ね返るように戻る大根切りである。

奥居合 立膝之部

血振い、納刀は「霞」に
準ず。

棚下 一

Tanashita 1

棚下をくぐり抜けるように、頭上に障害物のあるところをくぐり抜け斬る。

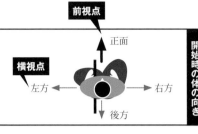

一

二

三

はじめ

右足を出しながら刀を前に抜く。

奥居合 立膝之部

四

五

左膝が右足を追うように進み、低い棚下を這い出ながら斬る。

棚下 二

Tanashita 2

開始時の体の向き
前視点 正面
横視点 左方 右方
後方

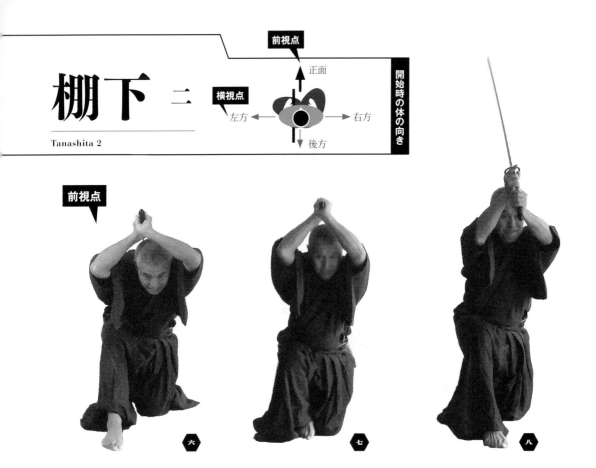

棚下から出ると同時に斬り下ろし、上体を起こしながら斬り下ろすこと。

奥居合 立膝之部

九

十

おわり

血振い、納刀は「霞」に準ず。

両詰 一

Ryouzume 1

両詰は左右両側に障害物があり、通常の刀の操作に不自由さをきたす状況設定における刀法である。

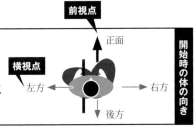

一

二

三

はじめ

頬を削ぐように刀を前に抜き取り柄頭を下丹田に合わせる。

横視点

奥居合 立膝之部

注意 抜き付け、血振い、納刀における刀の操作に特徴があり、留意すること。

④ ⑤ ⑥ ⑦

正面を突く。

131

両詰 二

Ryouzume 2

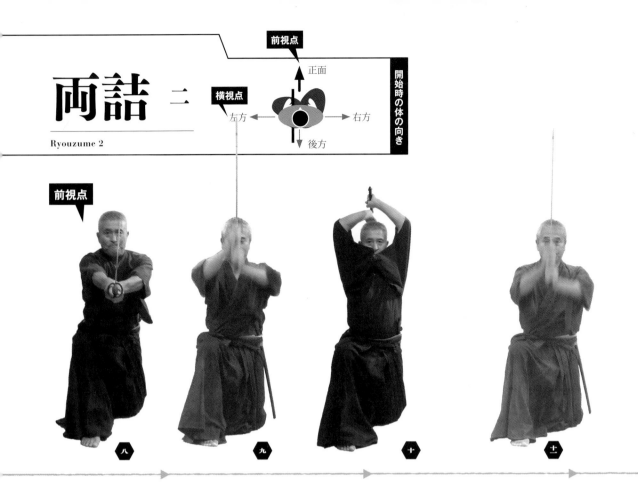

奥居合 立膝之部

⑫　⑬　⑭　⑮

横に張りすぎず、小さく血振い。　　　　　　　　　　左頬の横をかすめるように。

両詰 三

Ryouzume 3

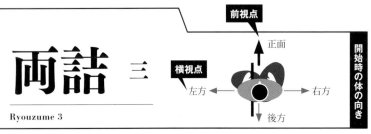

⑯　⑰　⑱　⑲

奥居合 立膝之部

足は真っ直ぐに引く。

おわり

虎走 一

Torabashiri 1

相手との間合いを詰める時の足運び。前方の敵に走りかかり仕留め、次に別の敵に後退し間合いを作り、抜きつけつつ、仕留める。

開始時の体の向き

前視点

はじめ

一 二 三 四

横視点

右足より上体を前に傾け、小走りに歩を進め、敵との間合いを計り、右足を踏み出し抜き付ける。

九 十 十一 十二

刀が鞘・鯉口にかかると同時に中腰になり、右足を引き、納刀しながら小走りに後退する。

奥居合 立膝之部

納刀は七分ほど。　　　　　　　　　　　　　　　　左足を引きつつ抜き付け。

虎走 二

Torabashiri 2

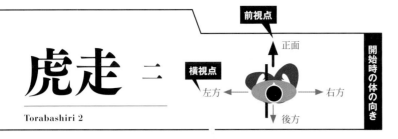

おわり

第四章 奥居合 立業之部

……板垣退助は容堂の行実談話のうちで、次のように話している。

土佐の居合は剣術、槍術に付属した居合でなく、専門の居合で、大森流、長谷川流があり、長谷川流の奥居合というものが十二本付いているが、容堂公はそれを好んで抜いたものだ。

いつのことだったか、七日七夜の間、休みなしの猛稽古を続けた。数人の家来がこれに参加したものだが、あまりの烈しさに皆倒れ、最後まで公のお相手をしたものは、わずか二人か、三人に過ぎなかったそうだ。(史談会速記録)……

容堂の、その居合もただの殿様芸ではなかったらしい。

平尾道雄選集『土佐・武道と仇討ち』
高知新聞社発行より

足法 居合腰

動きの起こし（居合腰の作り）と歩の進め

Sokuhou Iaigoshi

左手で刀を取り、中腰に落とす（正中線の確認）。右手は右太ももに。

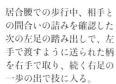
右斜め視点

一　二　三

はじめ　　　　　　　　　　右足より歩を進める。

注意　居合腰での歩行中、相手との間合いの詰みを確認した次の左足の踏み出しで、左手で渡すように送られた柄を右手で取り、続く右足の一歩の出で技に入る。

奥居合 立業之部

動きの起こし（居合腰の作り）と歩の進め
血振い、納刀

注意点は第一章
正座之部「前」を参照。

Chiburui Noutou

一　二　三　四　五

左斜め視点

六　七　八　九

おわり

行連
Yukizure

三人連れで自分が、まん中にいると仮想。

はじめ

右足を右斜め前に踏み出し右の敵を抜き打ち。

左斜め前の敵を斬る。

注意 斬った後の刀は跳ね返さず、手首の返しを使い次の流れを作ること。

左斜め前に踏み換え、上段から。留意点は左手で刀を取りにいかない。一連の流れの中で行う。

おわり

連達

Tsuredachi

相手が、右斜め前、左斜め前にいると仮想。

はじめ 一 二 三

七 八

左斜め前の敵を斬る。

奥居合 立業之部

以降、奥居合立業における血振い、納刀に準ず。

惣捲 一

相手の横面を斬りつける時は自分の横面から、肩には肩から、胴には胴から刀を出す。

Soumakuri 1

※総捲とは「勢いよくその動作が続く状態」を指す。

前視点

はじめ → 一 → 二 → 三 → 四

二：右足を出し、柄頭を前に付ける。

三：出した右足を引き戻し、左足に揃え、振りかぶる。

横視点

奥居合 立業之部

五 六 七 八

左横面を斬る。　　　左横面に斬りつけた刀の
　　　　　　　　　　軌跡を戻り振りかぶる。

腰の位置、つまり丹田の位置を上下させないこと。

147

惣捲 二

Soumakuri 2

相手に息を継がせず、一気に追い上げること。
斬りつける位置（横面・肩・胴）によって、
腰を落としてゆく。

前視点

こちらの首位置から
敵の首へ。

斬りつけた軌跡を通り、
帰って振りかぶる。

横視点

腰の高さが一定のこと。

こちらの首位置から敵の肩へ。

奥居合 立業之部

149

惣捲 三

Soumakuri 3

追撃する時の留意点は相手に息をつかせないこと、つまりこちらの息もつがないこと。

右足を踏み出しこちらの腰位置から敵の右腰。

腰の高さは更に低くなるような心持。足さばきは追歩、追撃。

奥居合 立業之部

おわり

以降、奥居合立業における血振い、納刀に準ず。

151

惣留 一

Soutome 1

足場の条件が特殊（例えば石段や道幅のない田んぼのあぜ道など）を仮想。

はじめ　一　二　三

七　八

奥居合 立業之部

153

惣留 二
Soutome 2

左足を右足の前に出すと同時に、胸の前で一気に刀を七分どころ納刀。

左足の捻りによって、身体の動きを作ること。
内向きにとった左足を外に向かって捻る。

おわり

奥居合 立業之部

左斜め前の敵を斬る。

信夫 一

Shinobu 1

闇夜での出合い。闇の中に潜み、弓張り（ゆんばり）、弓を張るごときバネを内蔵した体勢を作ること。私見ではあるが"忍ぶ"の当て字と考える。

想定
闇夜の出合い

左手で刀を上に立て気味にし、右手で刀を抜き始める。

身体を右横に弓を張るように反らせ、身体を沈め、切っ先を右斜め前におろす。

奥居合 立業之部

抜き足。　　　　　右足を左足斜め前に送る。　　　設定として、右足で路肩、あるいは道の端を探る。

信夫 二
Shinobu 2

目は敵を注視
注意

右斜め前の床"道"を刀で打ち、即手首の力を抜き、左足を右足前に送りながら、敵をかわし、上段に振りかぶる。

奥居合 立業之部

この時、刀はよく身体全体を
カヴァーすること。

以降、奥居合立業における
血振い、納刀に準ず。

行違 一

Yukichigai 1

前後に敵が居り、まず前の敵が自分の刀を抑えにくると仮想。抑えにきた手をはずすように回し、右足を前に踏み出し、つま先立ちになりながら柄頭にて相手の眉間に当て身を入れる

前視点

はじめ

一

二

三

横視点(右)

奥居合 立業之部

④　⑤　⑥

足のポイント

両踵を上げる。

行違 二
Yukichigai 2

前視点　自分の柄で相手の手、あるいは刀を抑え込むように身体を沈めていく。

七

八

九

横視点（右）

横視点（左）

奥居合 立業之部

左に身体を捻り、180度回り、
上段となり、斬り下ろす。

行違 三

Yukichigai 3

⑬

⑭

⑮

手首の返しを使いながら、その場で180度回り、正面に戻り、上段、斬り下ろし。

横視点（左）

奥居合 立業之部

㊉ ㊆

以降、奥居合立業における
血振い、納刀に準ず。

おわり

袖摺返

Sodezurigaeshi

群衆の中に相手が一人いることを仮想。
袖が返る如く、肘を使う。

想定
群集の中

右足を前に出し、刀（柄頭）を前に抜き出す。

留意点
出した右足を、左足に引き寄せながらつま先立ち。右手の刀は刃を上に立て、左手は握り、胸の前で組む。

はじめ　一　二　三　四

八　九

三歩目の右足の出る時に上段。

両肘から群集の中に分け入り、左右に押し分け、右、左、右と歩を前に進める。

右足を踏み出し身体・腰を沈める。

五　　　　　　　六　　　　　　　七

十　　　　　　　十一　　　おわり

斬り下ろし。　　以降、奥居合立業における血振い、納刀に準ず。

門入 一

Moniri 1

門を出入りするごとく、前後（門の内外）に相手がいると仮想。

前視点

右足の出で刀を抜きはじめ、左足を踏み出し、左半身に刀を抜く。切っ先を自分の身体から出さない。

刀を外に水平に右足を踏み出し突く。

一　二　三

はじめ

横視点（右）

横視点（左）

奥居合 立業之部

左回り、右足を踏み出し斬り下ろし。

四 五 六

敵の胸を突いた刀は、腕の力でなく身体の引きとひねりで抜く。

門入 二

Moniri 2

左回り。刀は跳ね上げることなく腰、肘、手首の動きによって振りかぶること。

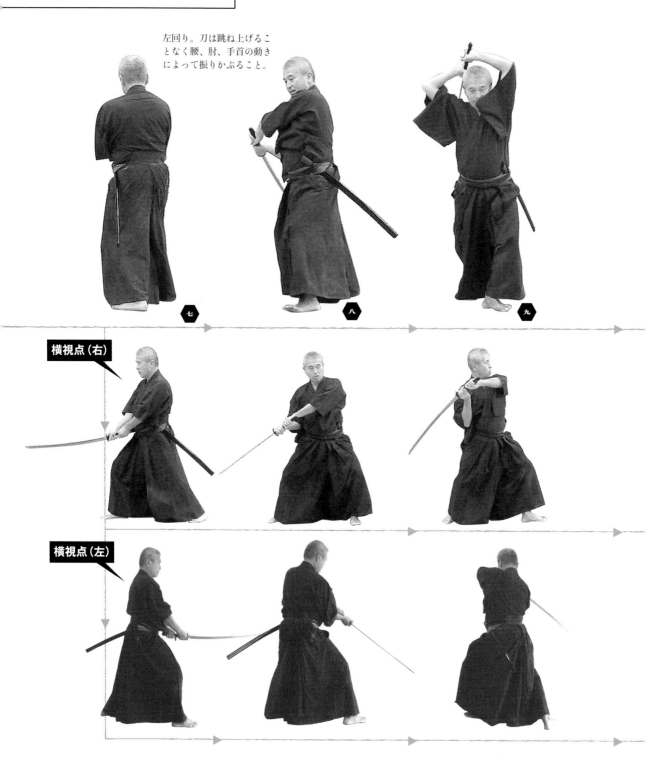

奥居合 立業之部

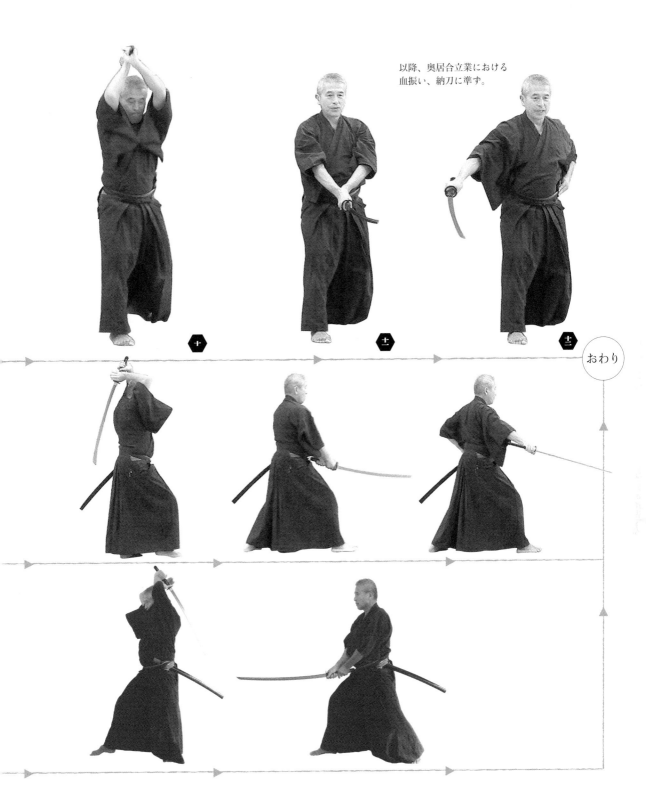

以降、奥居合立業における血振い、納刀に準ず。

壁添 一

壁に添うように身を隠したところからの一気の抜き。

Kabezoi 1

左手で柄を上に立てながら右足に左足をそろえる。

はじめ 一 二 三 四

横視点

奥居合 立業之部

真上、頭上に刀を抜く。

壁添 二
Kabezoi 2

踵をあげながら、真下に深く斬り下ろす。

九　十　十一　十二

横視点

奥居合 立業之部

そのままの体勢で血振い。

⑬ ⑭ ⑮ ⑯

壁添 三

Kabezoi 3

右手を頭上に、鞘を立て、垂直に納刀。

納刀が終わるにつれ踵を下ろす。

七　六　九　二十

横視点

奥居合 立業之部

㉑　㉒　㉓ おわり

177

受流

Ukenagashi

敵が正面から来るのを体を右にさばき、敵の刃を受け流し（受け止めるのではないことに留意）、左斜めとなった敵を斬る。

はじめ　一　二　三

右足の出た時、両手を刀にかけ、

七　八　九

右足を引き寄せ、足の踏みしめ（トントン）はせず音をたてない。

左足を後ろに引く。以降、奥居合立業における血振い、納刀に準ず。

奥居合 立業之部

左足を右足の前（三角点の一点）に踏み出し、刀を鯉口のところまで抜く。
（第一章　正座之部「受け流し」参照）

正座之部の受け流しと同様の要領による受け流し。

㊃　　　　　　　　　　　　㊄　　　　　　　　　　　　㊅

㊉　　　　　　　　　　　　㊋　　　　　　　　　　　　㊌　　おわり

暇乞 一

Itomagoi 1

正座の状態から両手（左手鯉口、右手柄）同時に刀を抜き、上段より真っ向を斬る。

※暇乞は3種あるが、礼の3段階によって分けられる。業の意義は同じである。

はじめ　一　二　三

右手で作りだされた動きの流れの中で刀が左手に移行する。

七　八　九

奥居合 立業之部

※注意点：上段に振りかぶった時に左手で刀を掴みにいかない。

おわり

暇乞 二

Itomagoi 2

頭を下げ、両手をつく動作に入りながら、両手を鞘と柄に同時にかけ、抜き付け真っ向に斬る。

はじめ　一　二　三

七　八　おわり

奥居合 立業之部

上段に振りかぶった時に、左手で刀を掴みにいかない。

暇乞 三

Itomagoi 3

両手をつき、（落ち穂を拾うように前に、両手の親指と人指し指で三角形を作るように合わせ）頭を着けるように礼をとり、おもむろに両手を鞘と柄にかけ、抜刀、振りかぶり、真っ向に打ちおろし。

はじめ　一　二　三

七　八　九

奥居合 立業之部

四　五　六

十　おわり

第五章 組太刀

「居合」とは、身心の「居る、動くものが存在する（広辞苑）ところをもって、現象、つまり現れる事件に合わすこと。更に進んで、「居る」ということ自体が現象の一部となり、後に引用する「猫の妙術」の中の古猫のごとく、「合う」、「合わせる」といった論議自体が無用となり、姿を消すことを目指す練磨の道であろう。つまり、「居合は鞘の中」ということであろう。いたずらに速さを競い、己の武勇伝を誇示するためのものにならないように。

組太刀とは文字通り「組・対」で行う居合である。それはここまで十分に検討してきた土佐英信流の居合道形稽古によって求め、磨かれる本質的意義、身心感覚、表現法とは別物ではないということである。このことを心に留めておくことは大切なことで、この事実を無視すると組太刀稽古の意義を取り逃がすことになるであろう。

通常鞘付きの木刀によって行われているが、本来は真剣をもってなされるものである。

入手困難であるという現実的な問題である真剣に比べ、鞘付きの木刀による組太刀の利点の第一は、十分に打ち合えるということであろう。しかしそのことは一つ本質的で大事な問題に我々を落し込むということに注意すべきである。それは「斬り合う」ということと「叩き合う」ということの違い、また「斬られる」ということと「叩かれる」ということの違いである。

居合は「真剣・日本刀」という道具を使うというその第一意義がもたらす身体上、心法上の問題が忘れ去られる恐れがあるということである。この問題は、はっきり力説しておく価値があり、たえず心にとめておかなければならない。我々の行うすべての形稽古における「形」とは、"まるごと全体（野口三千三氏表現）"としての自分、つまり心・頭脳も包含された身体感覚、身体表現を認知し、進化させていく「方法」である。くれぐれも「猿の棒での叩き合い」にならないよう注意すべきである。

英信流太刀打之位

竹嶋先生覚え書き

打太刀
動作を仕掛け、仕太刀の技を
誘導し、場・形を
組み立てる方──師の位

仕太刀
仕掛けてくる打太刀に
合わせ技を出し、
打太刀を倒し、
修練する側──弟子の位

構え

Kamae

青眼 青眼（横） 下段

兜を仮想して剣を高くとる。 剣を顔の横にとる。

車構え 八相 八相 上段

八相の二態。左は甲冑の着用を、右は素肌剣術を仮想したもの。

虎走り

身体を中心（臍下丹田）に向け緩め、居合腰を作る。
落ちる力で進む。

Torabashiri

はじめ

▶▶ 留意点

居合腰考察
居合腰とは重心（エネルギー）を一つに集めた臍下丹田を支える場所である。つまり、重心とはものの重さが集まった点、あるいは空間であり、それを支える場所である。

動きとその起点考察

野口三千三氏はこのことに関しても正当にも以下のように示唆している。
- 動きとは静的バランスが崩れる場所と時におこる。
- 運動、動的状態とは、今現在の、その一瞬の状態を壊しつづけるところにあるものである。
- 動きとは重さの分配、乗せ代えによって生み出すことができる。つまり、身体の中身の変化が外に現れたものと解釈できる。重さの乗せ代えは不必要な筋肉による力を抜くことによってよくできると観察される。

※『原初生命体としての人間』（野口三千三著　三笠選書）より

組太刀

はじめ

組太刀における礼法
始めの礼 一
Hajime no rei 1

> 一　場外において、正座にて刀を右に置きお互いに礼をとる。

場外にて

場外にて刀を右に置き、

お互いに礼をとる。

組太刀

刀を左手に持ち替え、

親指を鍔にかけ、刀を腰に支え、

右足を踏み出し、

左足を右足につけ起立。
打太刀のリードで道場中央、神殿の前にすすむ

始めの礼 二

Hajime no rei 2

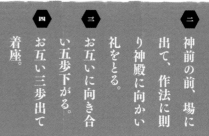

二　神前の前、場に出て、作法に則り神殿に向かい礼をとる。
三　お互いに向き合い五歩下がる。
四　お互い三歩出て着座。

場内にて

組太刀

左足より5歩下がり

最後、右足を左足に引き寄せて自然体にて、相手に向き合う

腰を落とし、右足より出て、お互いに3歩、歩み寄って着座

始めの礼 三

Hajime no rei 3

五　刀を前に置き、作法に則り刀に礼をとる（刀礼）。

組太刀

始めの礼 四

Hajime no rei 4

> 六 帯刀。
> 七 立ち上がり、五歩下がり、自然体となり相手と向き合わせる。

組太刀

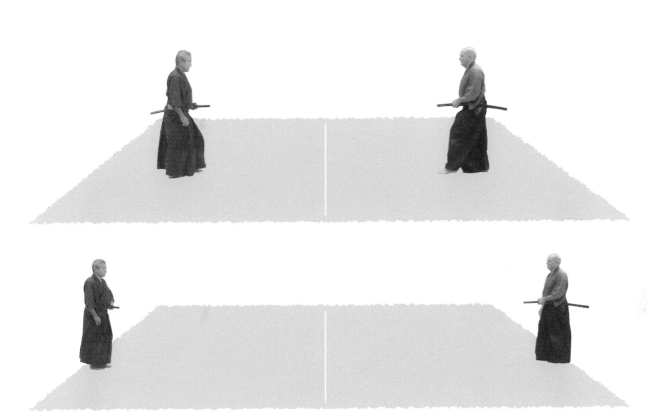

一 出合

Deai

打太刀、仕太刀とも、納刀の状態で自然体。

一　刀に両手をかけながら、居合腰となり体重を前にかけていく（正座之部「追風」を参考）。
二　打太刀、仕太刀とも虎走りに走り寄る。
三　お互い、間合いで、左足が出るに連れ、まず柄頭を相手の脛に向かい抜きつけていく。
四　右足を一歩出し、お互い、相手の脛に抜きつける（相打ち）。
五　【打太刀】右足、左足と引き、仕太刀の斬り下ろしを受け止める。
六　【仕太刀】左足を一歩出し振りかぶり次の右足で正面に斬り下ろす。
七　刀を青眼に合わせ打太刀が出、仕太刀が下がり場の中央に位置を取る。
八　腰を落とし互いに五歩退く。血振い、納刀し右足を左足に引き自然体で立つ。

 仕太刀　　　　　　 打太刀

刀に両手をかけながら、居合腰となり体重を前にかけていく。

組太刀

打太刀、仕太刀とも虎走りに走り寄る。

右足を一歩出し、お互い、相手の脛に抜きつける（相打ち）。

仕太刀…左足を一歩出し振りかぶり次の右足で正面に斬り下ろす。

打太刀…右足、左足と引き、仕太刀の斬り下ろしを受け止める。

組太刀

刀を青眼に合わせ打太刀が出、仕太刀が下がり場の中央に位置を取る。

腰を落とし互いに五歩退く。

組太刀

血振い、納刀し右足を左足に引き自然体で立つ。

二 拳取

Kobushidori

一、二、三、四の動作は前の「出合」と同様。

五
【打太刀】
一歩引かんとす。

六七八
【仕太刀】
打太刀の動きに先駆け、左足を相手の右足外側に送り出し、左手で打太刀の手首を逆に取り下げると同時に右手を腰に取り、握った刀で相手の刀を摺り上げるように切っ先を相手の胸につける

仕太刀が左手をはずさに合わせ、打太刀がその場で刀を青眼に出す。

仕太刀は下がり互いが刀を青眼に合わす。

腰を落とし互いに五歩下がり、青眼のまま向き合い、間を創る。

仕太刀　打太刀

刀に両手をかけながら、居合腰となり体重を前にかけていく。

打太刀、仕太刀とも虎走りに走り寄る。

右足を一歩出し、お互い、相手の脛に抜きつける（相打ち）。

組太刀

打太刀…一歩引かんとす。

仕太刀…打太刀の動きに先駆け、左足を相手の右足外側に送り出し、左手で打太刀の手首を逆に取り下に引き下げる。

同時に右手を腰に取り、握った刀で相手の刀を摺り上げるように切っ先を相手の胸につける。

仕太刀が左手をはずす。

打太刀がその場で刀を青眼に出す。

仕太刀は下がりお互いが刀を青眼に合わす。

腰を落とし互いに五歩下がり、青眼のまま向き合い、間を創る。

三 請流

Ukenagashi

一　【打太刀】一歩出ながら青眼より八相に構える。
二　【仕太刀】一歩下がりながら青眼より八相に構える。
三　お互いに三歩出て出合う。
四　打太刀前進、仕太刀後退しながら横面の高さで二度斬り結ぶ。
五　【打太刀】右足を一歩引き上段。
六　【仕太刀】右足を出し刀を相手の喉元あるいは面に向け附け込む。
　　【打太刀】仕太刀の動きを嫌い相手の刀を斜めに払う。
　　【仕太刀】左足を斜め前に出し左手で刀をあげ受け流し、左足前に正面に斬り下ろす（正座之部「受流」の逆）
七　【打太刀】仕太刀に体を向け青眼に構える。
　　【仕太刀】左右の足を入れ替え、打太刀に青眼に合わす。
八　腰を落とし、足を横に一歩送り中央にもとり間を取る。
　　腰を落とし、互いに五歩下がる。

 仕太刀

 打太刀

仕太刀…一歩下がりながら青眼より八相に構える。

打太刀…一歩出ながら青眼より八相に構える。

打太刀前進、仕太刀後退しながら横面の高さで二度切り結ぶ。

組太刀

打太刀…右足を一歩引き上段。

仕太刀…右足を出し、刀を相手の喉元あるいは面に向け付け込む。

この動作は、打太刀が一歩下がるに合わせ、喉元・面に突き込む技である。形のなかにおいてもその意を表現するように。

打太刀…仕太刀の動きを嫌い、相手の剣を斜めに払う。

組太刀

仕太刀…左足を斜めに出し、左手で刀をあげ受け流し。

左足前に、正面に斬り下ろす（正座之部「受流」の逆）。

打太刀…仕太刀に身体を向け青眼に構える。

213

仕太刀…左右の足を入れ替え、打太刀に青眼に合わせる。

腰を落とし、足を横に一歩送り中央に戻り間を取る。

腰を落とし、互いに五歩下がる。

四 請込・請入 相八相

Ukekomi Ukeiri

【一】
打太刀、仕太刀とも、「三、請流・一、二、三」と同じ。

【四】
三本目と同じく一歩退いて上段。

【仕太刀】
右足を一歩踏み出し刀を下からすくい上げるようにし、相手の肘あるいは篭手を取る。

【打太刀】
青眼に構え、仕太刀もそれに合わせ青眼。場を中央に合わせ間を取る。
後はすべて「請流」と同様（五歩後退、青眼、間）。

仕太刀　打太刀

右足を一歩踏み出し刀を下からすくい上げるようにし、相手の肘あるいは篭手。

青眼のまま向き合い、間を創る。

五 月影　打太刀…八相　仕太刀…下段

Tsukikage

一　【打太刀】一歩出て八相、仕太刀それに合わせ下段に構える。

二　【打太刀】腰を落とし居合い腰でお互い前に進み、間合いで出合い、真上に摺り上げて相手を止める。

三　【仕太刀】正面に斬り下ろす。

四　互いに半歩身体を寄せ合い刀を腰・腹に取り鍔迫り合い。間合いを見計らい一呼吸で相手を強く押し合い、右足を一歩引き、分かれ、車構えに構える。『注…車構えとは刀を床脇に取った姿勢とほぼ水平に、刀を横にし腰の脇に取った姿勢

五　【打太刀】右足を一歩踏み込み、右斜め上段から袈裟懸けに斬る。

【仕太刀】右足を半歩引きそれに合わし左足を右足に添え、相手との間をはずし（見切り）打太刀の正面を斬る（ものうちが確実に相手の面を斬るように。

六　以下、「請込／請入」の三と同様。

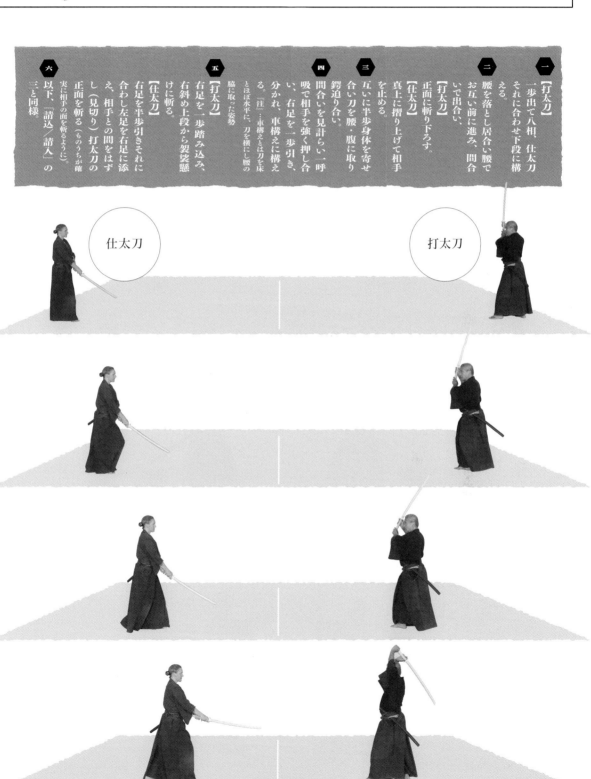

仕太刀　　　　　　　打太刀

腰を落とし居合い腰でお互い前に進み、間合いで出合い、

打太刀…正面に斬り下ろす。

仕太刀…真上に摺り上げて相手を止める。

組太刀

互いに半歩身体を寄せ合い刀を腰・腹に取り鍔迫り合い。

間合いを見計らい一呼吸で相手を強く押し合い、右足を一歩引き、分かれ、車構えに構える。

※車構えとは、刀を床とほぼ水平に、刀を横にし腰の脇に取った姿勢。

打太刀の正面を斬る。

青眼のまま向き合い、間を創る。

六 水月刀 打太刀…八相　仕太刀…中段
Suigetutou

八相に構え進んでくる打太刀に対し仕太刀は打太刀の眉間に切っ先を合わせ進む。

組太刀

① 八相に構え進んでくる打太刀に対し仕太刀は打太刀の眉間に切っ先を合わせ進む。

② 【打太刀】それを嫌い、斜めに仕太刀の刀を払う。
【仕太刀】上に、又は遅れた場合は下に抜き、踏み込んで正面を打つ。
以下、後はすべて「三」と同様、打太刀、青眼に構え、仕太刀もそれに合わせ青眼、場を中央に合わせ間を取る。

③ 五歩後退、青眼、間。

打太刀…それを嫌い、斜めに仕太刀の刀を払う。

打太刀、青眼に構え、仕太刀もそれに合わせ青眼、場を中央に合わせ間を取る。

七 絶妙剣 打太刀…八相　仕太刀…下段

Zetsumyouken

一【打太刀】
八相に構えるに合わせ仕太刀、刀を下段に取る。

二
前に進み、お互いに間合いに入り、正面に斬り結ぶ

三
お互い、間合いを詰め鍔迫り合い。

四【打太刀】
身体を下に落とすようにし、鍔で迫り合う相手の刀をはずすようにし、押し合う力を弛め、右足にて床を踏み拍子を取り相手の柄を跳ね上げ、左足を相手の横に出し、刀を右肩に担ぐようにせり上がり柄頭を、鼻あるいは眉間に当てる。

五
以下、前の形と同様にし、間合い、残心に気を配り、合わせ五歩後退。

 仕太刀　　 打太刀

打太刀…八相に構えるに合わせ、仕太刀は刀を下段に取る。

前に進み、お互いに間合いに入り、正面に切り結ぶ。

組太刀

仕太刀…身体を下に落とすようにし、鍔で迫り合う相手の刀をはずすようにしつつ、押し合う力を弛め、右足にて床を踏み拍子を取り相手の柄を跳ね上げ、

左足を相手の横に出し、刀を右肩に担ぐようにせり上がり、

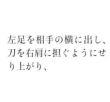

柄頭を、鼻あるいは眉間に当てる。

青眼に直り間を創る。

八 独妙剣 相八相

Dokumyouken

一　お互い八相に構え、間合いまで歩を進め、横面に斬り結ぶ。

二　【打太刀】左足、右足と送り、正面打ち。

三　【仕太刀】右足を左足に寄せ、さらに一歩左足を引きながら、柄を右、左手をものうちの峰で支え、胸前より額の前まで上げて一文字に受ける。

四　【仕太刀】左足を打太刀の体側に踏み出し、打ち合ったお互いの刀の一点を中心に、「てこの原理」で右手、左手を回し（食い込んだ一点を動かすことなく、つまり食い込んだ刀をはずす動き）ながら左手（刀の物打側）で切っ先を相手の鼻、そして肩口に押し込む。

五　お互い正眼に刀を、そして演武線の中央に立ち位置を合わせ残心・間を取る。腰を落とし五歩退き、正眼から血振、納刀。

仕太刀

打太刀

お互い八相に構える。

組太刀

仕太刀…左足を打太刀の体側に踏み出し、打ち合ったお互いの刀の一点を中心に「梃子の原理」で、右手、左手を回しながら左手（刀の物打側）で、切っ先を相手の鼻・肩口に押し込む。
互いの刃が食い込んだ一点を動かすことなく、外して動く。

青眼に直り間を創る。
以下「出合」と同じ。

独妙剣の受けの要訣

組太刀

一文字に受ける。

お互いの食い込んだ刃を外す。この時、慌てて相手に押し込まない。

左足一歩出て（体重を使い）相手の鼻に切っ先をつけていく。

続けて相手の肩先に切っ先をつけていく。

腰の位置で相手の刀を制し、それをもって身体を制す。

九 心妙剣　打太刀…八相　仕太刀…納刀のまま

Shinmyouken

仕太刀　　　　　打太刀

打太刀…刀を抜き左足を前に出し上段に構える。
仕太刀…それに合わせて、左手で刀の鯉口を取り居合腰に。

一　打太刀、刀を抜き左足を前に出し上段に構えるに合わせ、仕太刀左手で刀の鯉口を取り居合腰に。

二　歩を進め、間合いに入るや、打太刀は正面に斬り込み、仕太刀、打太刀の刀を（大森流正座の形「月影」の要領にて）受け止める。

三　仕太刀、左手を柄にかけ、打太刀の左肩の方向に向けて「この原理」で、刀に体重をかけ押し落とす。

四　仕太刀、身体を緩め左に身体を開き、振りかぶり、打太刀の正面を斬る。

五　お互い正眼に刀を、そして演武線の中央に立ち位置を合わせ残心・間を取る。

仕太刀…打太刀の刀を大森流正座の形「月影」の要領で受け止める。

仕太刀…身体を緩め、左に身体を開き、振りかぶり、打太刀の正面を斬る。

青眼に直り間を創る。

心妙剣の要訣

切っ先に体重を乗せること。腕、肩の力で押すことではない。

右手から力を抜き左手を頭上に取ること。右手、切っ先は左手の動きに従うこと。

十 打込　相八相／中段

Uchikomi

一　間合いまで歩を進め出合い、正面に斬り結ぶ（上段で相打ちの状態。刀がお互いを認知した状態で自然に止まる）。

二　お互い、物理的力を納め、抜いた状態でお互いの内（自分の身体と精神状態）外（相手）との均衡を保ち、中段まで刀をおろし正眼にて太刀を合わせ、間を取る。

三　後は口伝にて説明。

四　腰を落とし五歩退き、正眼から血振り、納刀。

 仕太刀　　 打太刀

間合いまで歩を進め出合い。

組太刀

正面に斬り結ぶ。

上段で相打ちの状態。刀がお互いを認知した状態で自然に止まる。

お互い、物理的力を納め、

抜いた状態でお互いの内
（自分の中つまり身体と
精神状態）外（相手）と
の均衡を保ち、

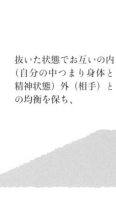

中段まで刀をおろし正眼
にて太刀を合わせ、間を
取る。

青眼に直り間を創る。
腰を落とし、五歩退き、
青眼から血振り、納刀。

終わりの礼

Owari no rei

一 お互い三歩出て着座。
二 刀礼。
三 立ち上がり、神前に向かい、刀を右手に持ち替え神前の礼。
四 お互い三歩出て着座。
五 刀を左手に持ち替え腰に取る。
六 退場。
七 場外において、正座しお互いに刀を右に置き礼。

場内にて

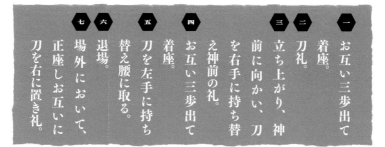

刀　礼

立ち上がり

神殿に向かい

組太刀

礼

刀を左腰に取り退場。

場外にて

場外にてお互いに礼。

形稽古論

稽古総体論議

　本題の「形稽古」に移る前に、「（武道）稽古」とは何かということについて私見を述べておくのが望ましく思う。

　「武道」は文化として日本の社会に武士階級が出現して以降、700年以上に渡る流れの中で生まれ、連綿と育まれてきたことについては疑いない。それは彼ら（武士）の生き様の中実体として彼らに直につながりを持ったものであったことも疑いない。作り話、空想でなく、現実的なそれは、武道の成り立ちとなる諸々の条件が実体として彼らの間で理解され共有されていたのであろうということである。そこに実体があり、暗黙知として成り立ちの中に、あるいはそれが社会の中全体に存在するということは、つまりそのイメージ、理解といったものが作為により虚偽に作りあげられる可能性の低いものであるということである。

　問題は明治以降の武士階級の社会からの消滅から約150年後の今日までである。

　その間、「武士・侍」、「武道」といった実体が現実にこの社会の中に実在しないことによって、いかにそれらのイメージ、身体表現といったものが一部の人たちの作意によって作りあげられたのか。死人に口無し（実体が消滅した武士の証言は取れない）とはよく言ったものである。そして既成のものとし我々に与えられてきたかということである。それは我々の武道稽古への入り、つまり出発点が実は往々にしてその既成のイメージ、概念からとなり、身体も、思考もそれによって固められていっているのではないかという問題に我々をつれていくのである。

　ここでの私の主張はいろいろな作意による解釈で作りあげられた既成の枠を外すこと。「武道稽古」の考察，再考察の出発点をさらにその先の武道稽古が成立するための土台となる条件までさかのぼり、その観点からもう一度武道が提示する概念と身体表現を探ってみようということである。

　まず「武道稽古」とは身体文化活動であり、「武道」とは**文化**である。文化、文化活動が成立する必要条件とは**自然**である。無（耕す基・自然がない状態）から有（文化）は生まれないということである。

　それでは「身体文化活動における基となる自然とは何か？」といえば、**自然**とはここでは原初生命体としての本来の**身体**であるということは明らかである。

　身体に関し自然という観点から　要点を簡潔にまとめてみよう。この部分では奉職された東京芸術大学において野口体操と呼ばれる独自の人間観と実技を展開され、1998年に亡くなられた野口三千三氏が多くのことですでに重要なことを述べており、多大のインスピレーションを受けたものである。

　自然とは人間の恣意が未だ入っていない多様性をその関係の中に持った　存在・システムである。身体とは本来自然であり生命力を持った有機的システムである。有機的システムとはまるごと全体としての生命体である。それはその多様性・差異により自らのシステムの中にエネルギーを作り出

すことのできるものである。それは恒常性を潜在的能力として持ち、変化、進化を本質として持つものである。生命体の活動のリズムは機能を生み出す構造を自らの中に持つものである。

　以上の観点を基に話を主題である武道稽古に戻そう。
　武道とはその大本である自然としての身体の機能、可能性といった能力を内蔵した存在を前提とし、耕された文化である。逆の言い方をすれば自然としての身体なくして武道という文化は存在しないということである。大前提である自然・身体とその能力に敬意を払う考察なくして、自然に対する敬意、考察のない、恣意のこもった既存の情報を出発点とすることの危うさを見過ごすべきではない。
　自然・身体に鎧をかぶせ、固め、文化・武道稽古を進めていくものではないということである。木（文化・人間の作意の産物）のみを唯一のものとして観ることなく山（自然・自分・身体）を観ることを忘れないように注意すべきであろう。文化とは所詮人間の作意によって作り上げられたもの。自然なくしては全く意味を持たないものであるということを心に留めておくことであろう。
　それ（自然）が先に述べた"武道稽古が成立するための土台となる条件"である。
　野口三千三氏の言葉を借りれば「原初生命体としての身体に聴く（野口氏は、身体という字にひらがなの「からだ」を使い、聴くという字に「貞」という漢字を使用している）ということである。

形とは何か

　形とは特定された状況とそこに起こされる技・身体表現の集約であり、居合道は形稽古によって成り立っている。それは技によって組み立てられた形の練磨習得を前提条件として構成され、それをもって進められるさらなる稽古の活性化、すなわち、稽古の本質的目的であるまるごと全体としての「個」の能力開発を期待する方法をとっているということである。
　状況とは「個」の存在が関わり合いになる環境要因の複合体である。簡潔に言えば、それは本来、必然性、偶然性全てを包含するものであり、全てを予測、想定することは不可能である、ということである。いろいろな条件、要因、因果関係が交差する「状況」の中、出来事が全て手引書どおりに起こるはずはないということは容易に理解できるはずである。形・技とはそのような状況の中で取り得る可能な身体表現を結晶化あるいは抽象化した「様式・パターン」である。そこには絶対はないということである。形・技とはそのような本質を持つ状況、さらにそこに起こる現象に対処するための、実は所詮道具でしかないと言っても真実から遠くはないであろう。

　それではここに「所詮道具でしかないという形・技を前提とした稽古の意義とは？」という問題が起こる。簡潔に私見を述べておけば、形、技を体系的に使っての感覚能力、身体能力、精神力といっ

た個の内在的に持つ能力（自然）の認知と開発である。さらに言えば、感覚能力とは情報認知能力、身体能力とは情報発信能力、精神力とはこれらの二つの能力がそれらの働きを最善に働かしうるまるごと全体の場の質を司る能力であろう。

　稽古とは人間の生命活動、つまりそれは運動、変化である。運動・動きとは二つの点がその相関的な関係を変化させることであり、またその変化によって認知することができるものである。一般的にいえば、静止、安定した一点が認識され、それに対し別の一点がその位置を変えるところにそれは明確に動きとして、認識されるものである。このことから形稽古の特性を説明してみれば、その形を静止、安定した一点と認識すれば、それを錬磨し、その錬磨によって起こる身体あるいは感覚といった「個」の身体能力を別の一点とし、その変化を動きとして認識できるものであるといってよいだろう。具体的に言えば、実体験として形稽古をとり行うことから生み出される諸々の情報を、感覚、知性をもって認知し、処理し、それらを形の持つ「理（安定した一点）」に反映させ、自分の持つ潜在能力の調整をはかるということである。つまりそれはフィードバック機能として活用できるものであるといえよう。それは形・技そして意識を道具として我々の身体能力とつなぎ使い、行う身心の能力開発であり、生命活動を活発にしてゆく方法を学ぶものである。
　仏教の根本思想である"万物の本質は諸行無常"ということについては疑いない。一寸先は闇、元来予測、想定不可能な環境、条件の中における生命活動の問題の核心はその出発点である。つまり活動の始まりを追求すべき疑問とするのか、既存の答えとするのか、ということである。

　私見であるが結論として言えることは、稽古とは真理についての自分自身の感性、感覚、知性による問いかけと認識に立つべきである。誰かの作意によって創り上げられた諸々の思考、概念、イメージといったものを答えとして、それを疑うことなく出発点とするものではないということである。
　この主張をさらに具体的に表現すれば、稽古とは、身体という本来自然であるものを根本、第一の疑問とせず、作為的に創り上げられた概念、イメージを絶対的なもの（自分の感覚、思考を停止する）とし、身体（自然）をそれら作意の鎧の中に固め、空騒ぎするものではないということである。
　観察すべき点は野口三千三氏のいう"まるごと全体"という感覚であり、またそのまるごと全体の自分の持つ身体感覚であり、潜在能力をも含めた身体能力であるということを思い起こしてもよかろう。
　情報とは自分の外（環境・条件）に存在し、また自分の中に存在するということを見過ごすべきではない。この事実を無視すると、ここで述べる稽古体系を取り逃がしてしまうことになるであろう。
　情報活動の第一歩は「認知する」ということ、そしてそれを処理、判断し、自己の表現をすると

いう手順である。特に稽古の世界ではこれが尊ばれるべきであろう。第一歩の「認知」、次の「処理、判断」無き、狂信的、強迫観念に取り憑かれた闇雲な自己主張、表現・発信は武道稽古の望むところではないということを心に留め置くことは有益であろう。「居合は鞘の内」あるいは「空手に先手なし」などという先達の言葉はこの事実に触れていると思われる。

　要点を簡潔に言えば生命体である人類の生命活動は情報活動であり、文化活動であるということである。武道稽古とは我々の文化活動の一つであり、その本質は情報活動であるということは容易に理解できよう。その核は**認知、確認すること、把握すること**であり、それは個の感覚の確認と発達を促すものである。つまり現象、存在を身体感覚で知っていくこと、認知していくこと、そのための必要条件である、固まり、こわばりのない自然な動きを確認、認知していくことである。形稽古とはそのための一つのものの見方であり、方法を提供するものである。自然なものの動きの始まりは、体の中を固め、作意により力を込めたところから始まるものではない。逆に、力を緩めたところに起こる差異の多様性により、多様な動きの可能性を実現可能な起点を創り出すことができる。長い実践の歴史の中から幾多の、名だたる道祖たちにより結晶化された形・技が身体本来（自然）の能力、可能性に鎧（作意）をかぶせ、固めた仰々しいものであったとは思われない。それは奇をてらった手品じみたものや、向こうウケを狙う、侍、はては男などという創り上げられたイメージに合わせ、人気取りのために作られたものではなかったと確信する。ただし、ここでは武道稽古の方式、順序の一部を述べているのであって、それの理想とする結果を述べているのではないことを心に留めておくことは大切である。そのことに関してはあとで少し取り上げよう。

武道形・稽古総体論

　形稽古とは限定された条件（状況設定された約束事の攻防の中）から編み出された技をもって、個の真理、普遍的な原理原則を体験（確認、認知、開発、進化）するためのシステムである。そして稽古とは最終的にまるごと全体の、総合的、全体的な自分というものの生命力を耕すことを目指すものである。

　稽古体系（システム）の正常性、健全性を考える上で重要なことはその体系の持つ循環能力とバランス能力（恒常性）であろう。そのために体系の中に違った特性を持つ要素を打ち立て、体系の構造を作り、その構造の持つ機能を働かせ、活動させることである。それは簡潔にいえば、一つの要素が独善的、絶対的にならないよう、それを確認するための機能を持たすため、そして更にそれぞれが他の要素に対する刺激となり進化をもたらすための機能を持たすことである。

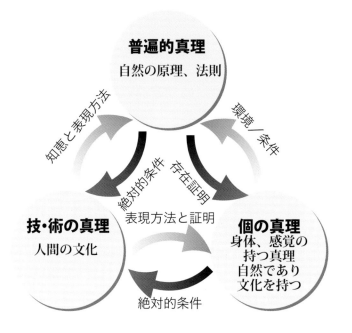

　上の図は、考えられる稽古活性化の促進を期待する三つの要素を「技・術の真理」、「個の真理」そして「普遍的真理」とし、それぞれの相関関係を表したものである。

　普遍的真理とは、一定範囲内の、条件を問わず万人、事象に共通する性格のものであり、我々の存在、生命活動の条件である。簡潔に言ってしまえば、科学（特に物理学の一部）がその追求を進める動機となるものである。「自然」が持つ真理、つまりその法則、機能といったものであろう。

　個の真理とは、個の大本・原初は自然である。普遍的真理に対しては、それらを明らかにし、実演するものである。そして技・術の真理に対してはそれらの絶対的条件であり、個の真理なくしては技・術の真理は意味をもたないものである。知性を持った感覚によって自然を大本とし文化を作り得る有機体である。「個の真理」、「技・術の真理」に客観的確信を与えることを期待できるものであろう。相関的、また補完的関係を持つ二つの真理に実証を与える事を期待できるものであろう。

　技・術の真理とは、自然・個に対し、それ（自然・個）が耕されたものである。つまり人間に内在する機能を持つ構造を前提とするもので、それを抜きにしては生まれでるものではない。それはある条件の中で起こる現象が人間の脳の特性により抽象化されたもの、文化である。それが生み出された条件の中で理、効果があり抽象美という美しさを持つものである。それは人間の知恵、我々の存在を表現するための方法、知恵である。自然・個なくしては意味をなさないものである。さらに個の真理との関わりでいえば、伝統的（もしそれが本当に時代を超え受け継がれてきたものならば）技・術の真理は、当初は個の外にあるものでそれに自分を投げかけるということは自分を一度対象化・客観視できるということである。能力開発のために有効なフィードバック機能の基準となりそれを可能とするものである。そして錬磨をくり返しその過程を通り過ぎたところ、つまり主観、客観を超えたところにあらわれる自分を存在させることである。動けばそれが技である、という次元である。真理があり、良いものであり、美しいものであるというのが理想であろう。

　自分の中に本来内在する（自然）の能力と、それを耕し、養った稽古とは自然の法則、宇宙の法則、つまり普遍的真理を知覚し、具体的な身体表現を実践することを目指すということ。これら三つの

真理を要素として稽古という体系を作り、それらを循環させ、確認、把握をしながら実践を積んでいくのが武道稽古であるという私の主張である。良い情報、良い方法論の重要性は強調しすぎることはない。個が諸々の状況の中に立った時に発揮できる可能性とは、結局は自分の養った能力でしか見つけることはできないということである。無から有は生まれない、あるいはない袖は振れぬということである。

　このことは個人の能力すべてのことについて言えることであり、先に述べた「口伝」に関しても同じことが言えよう。つまり、「わからんもんになんぼ言うたち（説明しても）わからん」ということであろう。注意すべきことは自分の現在の能力の限界を絶対視し、無知の知を知らずしてその時点からの解釈で知ったつもりになることであろう。黒澤明が映画、「椿三十郎」の中で三十郎に口癖のように言わせている、「危ない、危ない……」ということである。

　結論として言えることは、人間の大本は潜在能力を内在させた自然であり、自然の本質は多様性を持ったシステムである。システムの本質とはシステムの多様な要素の関係性が自ら作り出す変化であり、またそれを補完する恒常性である。実際これら二つの補完しあう（破壊と創作）システムの本質が我々の能力開発・進化を推し進めると言っておくのは適切であろう。できることは良い情報を受け入れ、良い方法で個・自然に働きかけていくということであり、そこに稽古とは何かという疑問あるいは可能性に対する幾つかの答えを見出すことができるであろう。

　「かた」という言葉の表現に私は漢字の「形」を使ってきた。ここでそのことに簡潔に言及しておけば、それは取り立てた学術的な意図はないということである。「型」という漢字から受ける、「枠付きの鋳型」の感覚より、全く個人的な感覚の問題で、「形態として全体的に現れたかたち」として受け取られる「形」の方を選択しただけである。

　前に生命活動は情報活動であり、その第一歩は「認知」する、ことそして処理し表現するということに注目した。そして稽古では形・技と意識を道具として使い感覚を含めた身体能力を開発していくことであることを指摘した。これは稽古の世界における錬磨の手順、方法であることを見過ごすべきでない。

「猫の妙術」に見る、技習得における一つの理想的展開過程
意識から非意識（意識、無意識の議論のない世界）へ

　最後に議論を先にあげておいた、方式・順序の結果、つまりよく理想とされる武道稽古のもたらすものについて発展させてみよう。

　前述の野口三千三氏も言ったように、「意識的に身体を使うということは異常である」そして「意

識を捨てるとか、無意識でなければとかことさらに意識することはばかげたこと」という指摘は、錬磨に求める、理想とする結果を考えるとき、全く正当であると考えられる。

パスツールが『自然発生説の検討』の中で示唆した「無からは有は生まれない」ということが、上で問題とした、稽古の世界に於ける方法論を後押ししてくれるであろう。つまり自己の進化、能力開発を求める「稽古という条件の中の世界」（いわゆる想定、予測不可能な要素、要因が複合的に絡み合う世界ではない）では、意識を道具とし使い、個というからだ・自然・非意識の中に「有」を産みつけておけばよい、ということである。そして後は野口氏の言葉を借りれば、「からだ・自然・非意識に聴（貞）く」、つまり自分という能力、自然に任せればよいということである。

　ここに、古典として読み継がれる「猫の妙術」と呼ばれる寓話がある。
　江戸前期に活躍した、戯作家・佚齋樗山（本名・丹羽忠明、1659～1741年）の作品の一編であり、鼠捕りの名人である老猫の語りを通じて剣術書の機微を説いたもので、ここに述べてきた意識と身体の関係と武術の稽古が行き着く一つの境地について示唆に富んだものである。

「猫の妙術」　佚齋樗山子著　中井一水訳　―抜粋―

　　勝軒という剣術者がいた。勝軒の家に大きな鼠が一匹いて、白昼堂々と部屋中走り回わるので、勝軒はその部屋を締めきって、飼い猫に鼠を捕らえさせようとした。
・・・・・

「六、七町先に、並々ならぬ古猫がおると聞いている。すぐに借りてきなさい」
早速、借りてきた猫を見れば、あまり利口そうでもない。
が、かの部屋に入れると、例の鼠は身をすくめてしまって動かない。古猫は何事もなげに、のろのろと鼠のそばへ歩み寄ると、難なく鼠をくわえて戻ってきた。

　　その夜のことである。勝軒の家に多くの猫どもが集まり、かの古猫を上座に請じ、いずれの猫どもも、その前にひざまずくと古猫に言った。
・・・・・

昔、私の郷に猫がいた。終日眠っていて気勢もなく、木で作った猫のようであった。

　人々も、その猫が鼠をとるのをみたことがなかったが、その猫のいくところ、近辺に鼠の姿を見ることはなかった。そこで、私はその猫のところへ行き、その理由を質したのである。が、その猫は答えず、四度も問うたが、四度とも答えなかった。これは答えなかったのではなく、答える理由がなかったのであった。

　それでわかったことだが、真に知るものは言わず、言うものは真を知らないものだ。その猫は己を忘れ、ものを忘れて無物に帰していたのである。まさしく"神武にして不殺"というものであった。私もまた彼に、遠く及ばなかった」

　古猫のこの話を、勝軒は夢のごとく聞き入っていたが、やがて、古猫に会釈するとやおら口を開いていった。

「私は剣術の修行をはじめて久しいが、いまだその道を極めることができないでいる。今宵は各々のお話しを聞いて、ずいぶん悟るところがあった。願わくば、なおその奥義を示していただきたいのだが……」

　古猫曰く、「否。私は獣であり、鼠は私の食するところのもの。私がどうして人のすることを存

じましょうや。しかしながら、私がひそかに聞いたことがある。"それ剣術は、専ら人に勝つためにあらず。変に臨みて、生死を明らかにする術なり"と。武士たる者は常に心を養い、その術を修行しなければなりません。ゆえに、まずは生死の理に徹し、不疑不惑、才覚・思慮を用いずに、心気和平にして、静かに安らかで平常心であれば、変化に応じることは自由自在となる。だが、この心にあらざる場合は、状（かたち）が生じ、敵が生まれ、相対して争うことにもなって、変化に適応できなくなるのだ。つまり、己の心が先に死地に落ちて霊明さを失うので、どうして快く勝負が決せられよう。たとえ勝つことがあっても、それは"まぐれ勝ち"でしかなく、剣術の本旨ではない。
・・・・・

　無心無物といっても、空しいといったようなものではない。心はもともと形もなければ、したがって物を蓄えることもできない。そこの僅かでも蓄えるものがあれば、気もまたそこへ拠ろうとし、そうなれば豁達（かったつ）自在に在ることはむつかしくなる。向かうところは過となり、そうでないところは及ばなくなり、過は勢い溢れてとどまらず、及ばざるときは用をなさなくなり、ともに変化に適応できなくなるのだ。私がいうところの無心、無物とは、蓄えず拠らず、敵もなければ我もなく、易にいうところの"思うことなく、なすことなく、ひっそりと動かず、天下のことに感じてついに通ず"で、この理を極めるに近い」
　そこで勝軒は、再び質問した。「敵なく、我なくとは……」　古猫はいう。「我あるがゆえに敵があるのだ。我がなければ敵もあるまい。敵というのは、陰・陽・水・火と同様である。およそ形あるものは、かならず対するものだ。己の心に象（かたち）がなければ、当然、対するものもないわけで、争うこともない。これを、"敵もなく、我もなし"という。物と我ともに忘れて、静かに安らかに、一切の妄念を絶てば、和して、一つになろう。敵の形を破っていても、我もそれを知らない。否、知らないのではなく、そこに心がなく、感のままに動いている、ということであろう。この心は"世界は我が世界"であって、是非、好悪などにとらわれないことを指す。孔子曰く。"匹夫も志を奪うべからず"と。もし、迷うときは、その心が敵を助けるのだ。私のいうことは、ここまでである。

あとはただ、自ら省みて己に求めることだ。師はその事（わざ）を伝え、その理を悟すだけだ。その真を得るのは、我にある。これを自得という。あるいは、"以心伝心"ともいう。禅学だけではなく、聖人の心法から芸術の末に至るまで、自得のところはすべて以心伝心である。教えるというのは、己に有っても自ら見ることのできぬところを、指して知らしめるだけである。師から授かるのではない。

　教えるのも易く、それを聞くのも易い。ただし、己にあるものを確実に見つけ、己のものとするのは難しい。これを修行上の一眼目という。悟りとは、妄想の夢のさめたもので、覚（さとる）ということとも同じであり、格別変わったことではないのである。

　稽古とは錬磨のこと。我々人間の大本は自然であり、また歴史・経験により耕された文化を持ち、作られた生命体である。その大本である自然が持っている潜在能力を認知し、自分の内部から呼び起こし、具体的な能力として活性化させることを目指すものである。その第一歩を簡潔に言えば、そこに在るものを在るものとして認知するということである。居を合わす、居に合わす、居が合う、等々いろいろな角度からの見方があるであろうが意識、無意識を問わず、自分がそこに「在る」ということに関する、出来うる限りのもの・こと（情報）※を認知する能力の重要性については疑いない。注意すべきことは、具体的な能力として活性化させようという自然の持つ潜在能力とは、よく、往々にして憧れを持って望まれる、虚をてらった「超能力」ではないということである。武道稽古とは、そのような虚に付け込む超能力開発を目指すものではないということである。この事実を無視すると、武道稽古がすすめようとする「在る」ということ、"無為自然"、"自然体"といった姿勢、態度を取り逃がしてしまうことになろう。

　皆様の御精武を祈ります。

※考慮すべき点は、情報とは自分の外側にのみあり、自分に向かってくるものであるという思い込みである。自分自身の内側にある情報、例えば、身体の構造、能力、可能性等々は全て情報と言えよう。このことに関し、前出の野口三千三氏は「情報というものが、自分の外側にあって、それが自分に働きかけてくるのではなく、自分がそれを情報と感じる自分の内側の働きによって、初めて情報となる」ということを彼の著書、『原初生命体としての人間』の中で示唆している。

「礼」から視る武道考察

　まず注意を武道とスポーツの違いに向けてみよう。主張したい点は、武道、その概念、哲学は特に西洋近代の中で発展させられたスポーツではないということである。
　最初に議論すべき点は 武道とスポーツの前提・起源の違いであり、そしてそれらの概念と明示的意味の違いである。

スポーツ

　"スポーツ"という言葉は、英辞書『Longman American D.』には、簡潔に言えば、人と競い合う身体活動、遊戯、遊び、娯楽という意味で定義されている。

　さらにブリタニカ国際大百科事典の定義では、
（1）**競争と遊戯性**を持つ広義の運動競技の総称、
（2）**身体活動や練習**の要素を含む、
（3）ルールを設け、その中で自由な能力の発揮と挑戦を試みる事を目標にするとあり、
　その語源を、ラテン語"deportare"から フランス語"desporter"に転じ、(disport, dis/to separate and cancellation + port/carry, to amuse yourself by separating activities from one's actual life.) さらに英語の"sport"となった。
　今日のスポーツ競技の原点は古代ギリシャの祭典、儀式競技に発しているが、スポーツという言葉は15世紀前半のイギリスで生まれた。当初は貴族階級の遊びの意味が強かったが、19世紀後半の近代オリンピックの創設により、現在のスポーツ競技が成立した（西洋近代の産物と見なせる）、と説明している。

武道

　次に、スポーツと異にする武道稽古の観念と哲学を検討してみよう。
武道はスポーツとその概念「**"身体活動"**と**"練習・鍛錬"**の要素を含む」ということに関して同じ意味を共有する事は、まず間違いない。
　武道は、武士の存在した時代、彼らが生死をかけたところに生まれたものである。彼らは本分として、絶えず、彼らの存在価値とその本質を、死生観の中に見なければならないものであったし、その彼らの創りだした武道（もののふの道）という文化は、ただ遊戯、スポーツ的競技の上の勝ち負けあるいはエネルギーの発散に満足を求めるものではなかったといっても真実からあまり遠くは

ないであろう。それは、己の生き様を技として、身体的経験を通し獲得する一つの身体表現方法である。

さらにここでの論題である礼に関していえば、生命をかけ合うための心法・精神的な技そして生命をかけ合った相手を始め、稽古の世界に存在する自分が関わる全ての環境に対する『礼』を習得する方法でもある。それはまた、自分の存在（生命）を謙虚に識ることでもある。つまり生命の尊厳に関する態度を哲学し、身体で表現する方法であろう。

要点は、東洋の文化、伝統の中で育まれ、結晶化された武道は今日の近代スポーツとは前提を異にする身体活動である事が認識されなければならないということである。そこでは、レフリーとルールを置き、勝敗に遊戯の要素を持たす事を原点とするスポーツとは一線を引くものである。

「礼」、武道のスポーツ化によって失われていくもの

確かに武道とは、強くなりたいという動機付けによって動かされる生命活動であることは妥当であるように思われる。しかし我々人間のなすさまから見て、往々にして"強さ"とは、人間の"欲"、"怒り"そして"無知"によって生み出される、単純に"弱いもの"より強いという相対的な次元で解釈されているように受け取られる。

私が稽古の中で提議する"強さ"とは、自分が自分のその時点で持つ可能性の最大限を発揮できるということである。更に言えば、"強くなる"とは、"以前にできなかった事ができるようになるということ"、そして"以前に知らなかったことを知ることができたこと"である。このような観点から、武道稽古は"まるごと全体"の自己開発であると言える。つまり、武道稽古によって求めるものは、スポーツのゲームとして、限定された種目・形の中の可能性を求め、相対的強さを求めるものではないということである。手短かに言えば、武道稽古の理想とする最終的姿は、全人教育であると言っても誇張ではない要素、可能性を持ったものであろう。

ただこのことで注意すべきことは、それらの前提、条件、枠組みといったものの違う武道はそれをスポーツと同じ土俵に上げ、良否、優劣を比べ得るものではないということ。またそれは意味をなさないということである。

心に留めておかなければならないことはスポーツにはスポーツの持つ積極的で前向きな点があることである。基本的にルールと審判制を持ちそれを理解し、共有し、従えば万人がその競技に参加し遊戯（社会性、コミュニケーション）を楽しむことができるということは我々のほとんどはそれをスポーツの肯定的な点として認めるだろう。例えばそれは一昔前までには想像できなかった、現

おわりに

平成19年3月29日、私の師、竹嶋壽雄先生、七十七歳にて、ついに逝去された。

日本武道界は二度の危急存続の事態に遭遇しそれらを乗り越えている。最初は明治維新以降の武士階級の消滅、そして次に第二次世界大戦後の社会混乱という二度の難局である。

それは土佐の居合道に関しても例外ではない。事実、実際問題として第一の難局では幾多の古武道が消滅していく中、大江正路先生が、そして第二の難局には道標を失った社会混乱そのままに、雨後の筍のごとく現れ自己主張を競い合う武道界の中、竹嶋先生の存在が大きな役割を果たしたことについては疑いがない。そしてさらに二人を中心に集まった人々が動き、伝統の灯を支え守ってきたことも否定できない。

私が師事し、身近に接した竹嶋先生が身を尽くしなしとげた幾多の業績の中、三つのことに関して述べれば、まず道人として当たり前のことながら、**伝承技の具現と更なる追求**、そして次に先師の残された「居合は稽古のこと、見せ物じゃない ― 細川義昌 ―」、「居合はやっても居合乞食（居合を出しに使い金と名前を請う乞食）にはなるな ― 福井春政 ―」という言葉を守り、**健全なる組織の再編成と発展、そしてその組織の先導者として後進の育成**に心血を注がれたことである。
そして最後に三つ目として、宗家の代を村永秀邦氏に手渡したことを忘れてはいけないであろう。

本書の構成に関し少しの解題を表してみよう。

由来

まず記しておかなければならないことは私がこの居合道の稽古の世界に入った動機、竹嶋先生の門に入った動機とその後である。

高知城入り口追手門から入り、お城に上がる石段のすぐ左手の木立ちの中に平屋の建物があった。それは致道館と呼ばれる柔道、剣道専門道場であった。その致道館はその後、1979年、高知県立武道館[※1]として、高知城北裏手の元の藩校跡地に建てられ現在に至るのであるが、竹嶋先生との出会

※1 致道館……藩士の教育（文武両道の練磨）のための機関として江戸、藩政時代（1862年）に当時の参政吉田東洋によって土佐藩校として建てられた文武館が、1865年改称されたもの。廃藩置県後廃校となり、後（1979年）、高知県立武道館としてゆかりの跡地に建てられ現在に至る。

おわりに

1979年、高知県立武道館完成まで高知城追手門近くに建てられていた、平屋の武道専用道場の致道館(内部)。

いはその県立武道館に移転する前の致道館であった。青年という字のごとく、まだ青い人生の時期であった。

　入門の動機はその青さ、若さの特権である純粋さが竹嶋先生の技の世界、つまり身体表現の可能性に触発されたものであると確信する。入門当初、居合道界に存在する組織のことも知らず、その後も関知せず、竹嶋先生についてひたすら稽古したものである。また多くの人にとって一大事である段位、称号も私にとってはまったく関心ごとでなく、そしてそれを得ることもなく、先生が逝去されるまで教えを受け、現在に至ったのである。

　要点は、竹嶋先生の心血を注がれた**「伝承技の具現と更なる追求」**という志に動かされ土佐の英信流居合道の世界に生きてきたのであるが、いま一つの先生が心血を注がれた、**「健全なる組織の再編成と発展、そしてその組織の先導者として後進の育成」**つまり**「伝統を守りつなげていく」**という仕事、土佐直伝英信流の文化活動には参加しなかったということである。その自覚から、先生亡き後はいっさい表に出て活動することもなく今日に至ったのである。

　そのような過程を経て至った私の居合稽古の世界であるが、この数年、私が道友とし敬愛する宮本知次氏が総体的視野から観た私の身勝手、頑固さを突き、諦めることなき好意と熱意溢れる叱責、叱咤激励をもって、少しずつ私の居合道における態度を変えることとなったのである。さらにその変化を進めるものとし、浅野芳和氏をはじめとする道友の人々の技の習得に対する熱意、照沼秀世氏の本作品制作に対する情報処理に関わる筆舌に尽くし難いほどの尽力、忍耐、Franziska Blauer 氏の写真撮影に対する献身的努力、組太刀撮影にあたり相手を務めてくれた Franz Villiger 氏と Sophie Fukutome 氏の尽力もここに記すものである。

　日貿出版社の下村敦夫氏との出会いは宮本知次氏の引き合わせによるものであり、彼の誠意ある態度がこの本成立の最後の一押しになったことは間違いない。同行のカメラマン糸井康友氏共々に感謝したい。

　ここに到り、思い起こせば、当たり前のことながら、これらの人々の一人が欠けてもこの作業は完結しなかったことは事実である。その事実の前に立ち、ここにもう一度深い感謝の気持ちを紙面

に残しておくことの許しを請う。

　さらに今ひとつ許しを請いたいことは言葉の問題である。今回のことで自分でも気がついたことは、私の頭の中で三つの言語が入り混じり思考、発信されたことである。一つはまず生まれついて以来使い育ってきた土佐弁（思考）。次は50年近くそれを使い生きてきた英語（思考）。最後に日本人の間での共通語である、いわゆる標準語と言われる言語である（発信）。

　この中で一番馴染みがなく、この言葉を使い他人に自分の思考を発信する時に構え、硬くなるのが標準語である。ゆえにこの作業においては、思考方法すべてを簡潔にするため、「……である」調でまとめ表現した。そして土佐弁あるいは英語思考が標準語に近いものに通訳される過程で時代遅れ気味に固くなったことは確かなことである。皆様の忍耐を請うところである。

　本書は、そのようなあらましを経て、可能な限りの売名的装飾を排除し、宮本知次氏の強調する純粋に技の追求を理想とした人々の稽古世界における精進、発展の一助となること、また、私が竹嶋先生から伝えていただいた土佐英信流が次に伝わることを期して、仕上げたものである。

本書の目指した内容

　最後にこの本の内容、構成について要点をまとめてみよう。
　すでに見たように、現行の居合道稽古を成立させているものは「形」でありその前提は「技」である。そして「技」の大前提は「まるごと全体として、そして環境との関わりの中に在る自分」という生命体・自然である。この大前提なくして、それの内蔵する能力、可能性を抜きにしては生まれ、発揮できるものでは絶対ない。それらについては「形稽古」の章ですでに注目したので思い起こしてほしい。
　問題の核心は、居合道稽古は**事理の一致に努めること**である。
　このことで認識すべきことは稽古の世界を成り立たせる三つの根本的な条件である。
　まず、事、理はもちろんのこと、見過ごすべきでない条件として、感覚器官であり経験値・知性を持つ**自分**とその自分が関わるあらゆる**環境条件**という情報である。つまり稽古の本質である実体

験・試行を成り立たせる主体である。それらは無常、変化を本性・本質とするものである。

　次にそれら主体の持つ情報を投げかける、安定し、普遍的、不変な情報としての**理**である。最後に前出の二つの情報の出会い、試行・実体験の中からその都度現れてくる有為転変の**事象**である。努めること、すなわち、稽古とは、努めること、実体験が生み出す事象が含む情報を認知し、それに関わる自分を確認し、調節、変革、進化させていくことと解釈する。

　ここで稽古問題の一つの重要な核心は、**事理**とそれらに意味をもたらす**自・個とその環境**に対する解釈であり、前提である。手短に言えば、それらを疑問ととるか答えととるかということである。注意すべき事は前提、最初の解釈の違いはその後出てくるすべての態度、結果を違ったものにするということである。

　私見として強調したい点を簡潔に言えば；まず稽古・試行・努める折、注意すべきことは、**自らとその環境**の持つ情報は疑問であることは間違いない。さらに観察すべきはそれを投げかける、確かに安定し、普遍的な情報として解釈される**理**とは、ここでは答えでなく疑問である。答えとはそれか二つの刺激のぶつかり合いから出てくる**事象**が答えであり、それはその後自らに帰ってくる疑問となるべきものである（この事はこの後フィードバック機能として述べる）。この事から稽古の本質は疑問であり、疑問であっても唯一、限定可能なものは理法であり、他の二つは常のない、絶えず変化する疑問であると言っても妥当であるように確信する。

　各種武道、流派などが提示できるものはそれぞれが主張する**理**であり、それは刺激であり、絶対的な答えではない。道心者がそれぞれの意思により選ぶものである。
　上記を簡潔に数式で表してみると、

事象 y：ax から導き出されるもの
係数 a（自ずとその環境によって異なってくる）と取り扱う理 x によって常に変化する。

$$y = ax$$

理 x：独自性を持つ各武道、流派がその中で普遍的に共有する提案。

係数 a：無常を本質とする稽古の世界における自らと、その自らが関わる環境（例えば年齢などを含む、時と場、相手など）

疑問が稽古の本質である。実際は多様な差異、複雑多岐にわたる条件が作り出す**自と現象**を可能な限り抽象化したものが**理**であり、自分で感じ、考えなければ、一見難解にうけとられるかもしれない。しかし、武道における身体表現とは、複雑な条件が実際は絡み合うものを、簡潔に表現することであり、その逆ではない（実際は簡潔なことを複雑奇怪に表現すること）。

　以上の観点から私の強調したいことは、この本は絶対的な答えを提示し、ただ簡便なハウツー物にする動機で書かれたものではないということである。

技に関する私見

　居合道のような**形稽古による「稽古形態」**において提供される「技」に関し私見を述べる。
　技とは、技自体が示す身体の動きは必然性をもった**理にかなった『真』**なもの、簡素な『**美**』をもったものであり、さらにその理に叶い、美を持った動きが**有効性を持つ『善い』**ものでなければならない。そこには身体感覚、知性、それを最大限に引き出す姿勢、体勢が問われよう。さらに注目すべき大事なことは、「技・形」が可能にする「**フィードバック機能**」である。「**フィードバック機能**」とは自己認知、自己帰還の技術である。錬磨の中、内外に結果として生まれ出る情報を認知、認識し、処理できる可能な限りの答えを自分自身に反映させていく機能であると解釈する。実際、技・形の持つこの機能を磨き、活用することにより、現象という、すべてが必然的ではあり得ない、予測とコントロール不可能な現実の中に居合わせ、対処していくことを可能とする感覚をはじめとする身体能力の開発、進化向上が期待できるところである。そして形稽古がこの機能を充分に活用されるところに、その特筆される価値が主張されるであろう。
　技・形を使い、演じるために身体感覚、知性、それを最大限に引き出す姿勢が問われるということを逆に見れば、技・形を稽古することはその身体感覚、知性を最大限に発揮する姿勢を練り、磨くと考えられよう。

　ここに「鶏が先か卵が先か？」、稽古の世界で言えば、「**事が先か理が先か？**」という問題があるが、我々の稽古体系から言えば答えは明瞭であろう。二つの一見相反するものでも、それぞれが居合道稽古体系の中で、それぞれの真理を持つ陰陽の関係で「**在る**」ということであろう。それはそれら

※２　ここで言う「感覚」とは、野口三千三氏が言ったまるごと全体としての「個」の内外に、ダイナミックに存在する情報を認知、把握、処理し「個・身体」を持って表現する能力のことを指す。

二つの究極が一つの体系の中で柔軟にそれらの釣り合い、比率を変え、その体系をダイナミックな状態にしていると解釈できる。簡潔に言えば、どちらが先でも良いということである。そこに「在る」ということならば、先に生まれて「在る」ものが次に反対のものを引き出せば良いということである。

　大事なことは「在る」一つのものが、もう一方の「在る」ものを狂信的に、また絶対的に否定しないことである。「事」から入る者であれ、「理」から入る者であれ、稽古とは事理を一致させることである。
　事を錬磨すること、理を明らかにすること、そしてそれらの一致に努めること、それらの過程が稽古の醍醐味であり、それらがもたらすものが自己の能力認知、開発・進化であると確信する。そして稽古が実践・試行錯誤の世界であるがゆえ力説しておく価値がある、核となるべき能力とは理性を持った**感覚**[※2]であり、認知力であろう。時と場所を超えて伝えられた文化の一つである武道の技の理を道具とし、「個」の身体能力、具体的に言えば身体感覚をもって事理の一致・試行錯誤に努めることにより、「個」の身体感覚・身体能力を伸ばしていくことである。

　それは形相凄まじく勝った、負けたに一喜一憂し、他との相対的価値観により、優越感、あるいはコンプレックスに落ち入るものではない。自分の存在が自分自身の理性ある感覚により認知したところからでなく、多分に子供じみた作意、幻想によって作り上げられたものによって踊らされることはかなしく、あわれなことである。お釈迦様の説かれた三種の煩悩「貪瞋痴」に自らを躍らせることもまたかなしく、あわれなことである。

　そのような観点を本作品の意図、内容へと広げてみよう。
　全体の構成に的を絞って言い及べば、大森流（正座之部）から入り長谷川流（立膝〜奥居合）奥居合立膝までは私の体得した技の「理」に対する言葉による説明を意図的に詳しくした。特に「正座之部」「立膝之部」ではこと細かく、考えられる土佐英信流の「理」を記述した。
　根拠は、そこ（正座之部）には土佐英信流の核と特質がほとんど入っていると考えるからである。例えば、刀と身体の関係とそれに基づく操作、居合腰のこと、拍子・間のことなど、など、である。奥居合はそれらの外部条件に対応する変化と解釈されよう。意図は、まず、正座之部、立膝之部ではそれらの「理」を、「事」つまり身体能力による実践をもって事理の一致に努めていってもらいた

い、ということである。別の言葉で言えば、「理・知」の世界を身体にすりあわせ、表現していくことによって自己を認知し、能力を高めていくこと。そのような意図でこれら二つの部に関しては「理・知」の言葉による説明の比率を大にし、写真と合わせていった。

次に奥居合立膝そして立業と進むにつれ「理・知」の解説の比率を少なくし、各自の知性ある感覚による体得に期待を込めるかたちとした。ゆえに意図的に説明を控えることとした。

拍子、呼吸の問題、技とそれらに関わる身体感覚と表現の問題などを自分で感じ、考え、実践し解きながら、そこに育まれる、不思議、そして面白がる感性を見つけ、正座之部、立膝之部で英信流の持つ「技・知・理」の世界を体得していってもらいたい。そしてそれらを、例えば身体を鞭のように使う奥居合の世界に変化させていってもらいたいという意図である。

実利、実益ということに目と心を奪われ真・善・美、尊厳、礼儀（思いやり）、義務、おおやけ、了見、といった、本来現実感覚の中で追求されるべきものがただの理想として我々の身の内から消し去られ、死語化されて行く。釈尊の示唆された三つの根本的煩悩「貪瞋痴」が我々から現実感覚を眩ます。深い考察、思慮のない、自分を売り込むための子供っぽい空想から創り上げたものによって空騒ぎする。実利ということが流行する世上、練磨の足りなさからくる無知を隠す、人の目をくらます大衆迎合の所作がもてはやされる。そういったことから失われて行くものは現実感覚でありまた本当のロマンであろう。本作品が日本の伝統文化の一つである土佐英信流の「技・文化」の大道体得の一助となり、さらにその稽古の過程がもたらす諸々の身体能力認知、開発の助けになれば最上の喜びである。

居合道が、いや武道が実践的ということ、実利、実益といったことを売り物に人気取りを第一義としていく限り、それは「覇道」の手先、道具の枠から自ら出ることはないであろう。また外からもそういう評価、扱いを受けるであろうことは十分考えられる。

竹嶋先生曰く、「**やらんもんに限って四の五の言う、今やっちょたら、後で困らなよ！**」

平成18年初春　福留麒六

英文付録

[English Appendix]

Appendix

In the following, I wish to explore three subjects, two of which have been discussed in Japanese in different parts of this book. The views and ideas presented here were developed over the course of 40 years of work overseas.

The Importance of Premises

Different premises give rise to different arguments, forms, and results. It is therefore important to increase our awareness regarding the cultural context that existed at the time of inception of our cultural activities in general, and of Budo, the Japanese martial arts, in particular.

It is clear that physical fights are at the origin of Budo. Experience derived from fights was developed into techniques by the Bushi class (the samurai, the class of career military men in Japanese society until the end of the Edo period), on the one hand to remove, or at least reduce, the role of chance (winning or losing by accident), on the other hand, to hand down their knowledge. As time passed, their role in Japanese society changed, and the necessity arose to codify their moral principles. Their aesthetic sense and their views of life and death were consciously unified into one philosophy called Bushi-do, that identified the Bushi as Bushi. Budo itself became a cultural and educational program for Bushi to become Bushi, and served in particular for the formation of their character.

The Bushi class existed in Japan for about 900 years. When it was abolished in 1868, the meaning of samurai as a tenet in Japanese society vanished completely. Thus, Budo, which had been so important for the establishment of the samurai, and for maintaining their position, lost its significance as a cultural and educational program, and was thrown into a crisis for its survival.

It is not to be denied that western modern sports offered a solution for the survival of Budo after the fall of the Bushi society. Most definitions of sports (e.g., Oxford Advanced Learner's Dictionary of current English, Oxford University Press, 1995; Longman Dictionary of Contemporary English, 5th Edition, 2009; The New Encyclopedia Britannica, 15th Edition, Chicago, 1993) mention *physical activity, game to compete against each other, for fun, amusement, recreation, or pleasure*. We can say with fair certainty that the only meaning that Budo originally shares with sports is *physical activity*.

In a sport, the rules define both the specific setting in which competition should take place, and the criteria for winning and losing. Thus, in the context of Budo, setting our minds on winning may lead us not to follow the cultural and educational program of Budo, but to excel at making the best of the rules. This is bound to change the way in which we move. Thus, changing the premises changes the form, and the essence of a cultural activity.

The point I want to make is that Budo, which was formed and nursed in the Eastern culture and tradition, must be realized as a different sort of physical activity from today's sports. Budo is not just physical exercise. Indeed, it was one of the many subjects a samurai was required to study, and was not separate from intellectual or spiritual education. It means that Budo-practice contains questions that we should reflect and meditate upon while keeping a broad perspective. It is one of the ways to express and acquire energy as active techniques through physical experiences.

Today's Budo has overcome the dangers of extinction twice since 1868. Its definitions, concepts, ideas, and images were reorganized and re-edited by non-samurai in a society in which the Bushi class had long been eliminated. This seems a truth little understood in our time. The importance of meditating carefully on the question of premises cannot be overemphasized.

In the following, I would like to present three premises I build upon in the practice we unfold. These are (1) the concept of Budo itself, (2) the body's structure and its understanding as a system, and (3) the concept underlying the quality of movement.

Concept of Budo

Budo came into existence at a time when the samurai warriors were constantly confronted with situations in which their actions decided between life and death. They had to realize their own essential qualities ceaselessly, and were required to perceive as soon as possible all relevant essential qualities of the actual circumstances, including their enemies'.

Budo is sensory and intellectual learning to search for and explore the contradiction of life and death – human beings' eternal, ultimate, and fundamental question. It is beyond obtaining the means for mere self-defense or the self-satisfaction of our superiority over others.

Budo-practice is to recognize and develop the abilities and capacity of our Self under various conditions. Ability and capacity development mean changing our Self. According to the Buddhist saying, "Nothing is certain but change" (Shogyou Mujou, 諸行無常) : change is the essence of nature, and thus of the Self. We ought to be able to change our Self, as we develop our movements or physical expression.

The Body as a System

Professor Michizo Noguchi taught at Tokyo University of the Arts and founded "Noguchi-Taiso" (a form of physical exercise or gymnastics) with, in my opinion, unique theories on the subject of the body. I present here my understanding and interpretation of some of his ideas, which were a source of inspiration in my practice for many years. The material in this chapter is derived mainly from his book entitled "gensho seimeitai to shiteno ningen" (Mikasa Sensho 1975;『原初生命体としての人間』三笠選書 , 1975).

The human body can be perceived as a system with a multiple whip and chain structure. Its elemental substance is water. Gear and leverage are the basic principles underlying the functions in the human body. As a dynamic system, the human body needs differences within itself. Thus, letting differences coexist within our body is a central theme for practice, as differences are the source of the system's dynamics.

Structure produces function, and function brings forth movements and gives rise to their rhythm. The analogy of the chain or whip is useful to grasp the inherent possibilities of the human body: although each link in a chain is hard, the chain can move flexibly as a whole. Thus, flexibility gives expression to the richness of possibilities of change. The quality of communication within the whip, chain, or body-and-mind is essential for both structure and functions to come into full play. This includes the efficient transmission of information and energy. For a human being, however, the role played by the mind in this communication cannot be neglected.

The functions of the joints can potentially produce a rich variation of physical movements. An important requirement for movement is the flexibility (the degrees of freedom) of the joints. Furthermore, we can expect that the transmission of movement, which is made possible by the flexibility of the joints, is brought forth by the flexibility of the muscles, and their ability to make the best use of the structure and functions of the joints. Flexibility is the power to create differences, and differences are a necessary condition for movement.

Joints act as spaces within our body. The existence of both inner and outer space is a necessary condition for the smooth and free breaking of balance. In turn, the breaking of balance is necessary to generate movement.

Quality of Movement

The first question regarding movement is energy and its source, the **origin of movement**. Energy is generated by various differences within one system – here the body. The importance of both quality and quantity of space and time within the body for the existence of these differences, and their potential to generate energy, cannot be overvalued. For this, a relaxed body, liberated from unnecessary tasks, is essential.

The second question is the **transmission of energy and movement** through the body. Its essential quality and characteristic is fluidity and undulation. It is generated by the communication among contents of the system (the body). Here too, we should not overlook the importance of both quality and quantity of space and time within the body for this process to be efficient. This, again, requires the body to be relaxed and liberated from unnecessary tasks. The way we arrange and organize the contents and structure of our body in preparation for – and during – movement, is therefore of paramount importance, and a sense and intelligence for time and space within our body are necessary.

Life is movement or change; it is an expression of essence. Thus, when we reflect upon our movements we ought to question ourselves about the changes of the contents of our body. What we recognize and observe from the outside is an outcome or result of a change of the contents. In other words, the nature of movement is a dynamic activity of the contents of our body. A movement is a phenomenon characterized by change and communication among these contents.

Budo-practice is a quest for the Self through the realization of the movements of our contents, with our direct physical experience as clues. To explore and realize our Self subjectively as substance is an important idea of practice.

Three Truths in Budo-practice

The practice-world of a person is a system. Two important functions maintain a system's soundness: homeostasis, the propensity to maintain stable conditions within the system, and circulation.

Practice is a creative activity, and not the dogmatic repetition of a collection of techniques. Techniques are but tools, cultivated by human beings. Their merit and efficiency are not owing to themselves, but to us.

Thus, maintaining practice as a sound, dynamic system for self-development requires, to my mind, a balanced, active, and evolving circulation between three "Truths": the Personal Truths, the Universal Truths, and the Truths of Arts, which I will define in the gray boxes below. Seen as one system, with its functions, interactions, circulation, and ultimate need for balance between its components, these three Truths have provided me with a method for composing practice, year after year. They have been a rich source of questions and exercises, and I consider them as a powerful reference for individual practice.

The idea of practice is to create our new Self through an active fusion of these three Truths. Techniques can have great value with their functions to help developing our Self.

Essentially, techniques of art are expressions of possibilities and faculties of the human body, the latter already immanent within each one of us. Techniques are formulated upon the premise and condition that the person who uses them is a living being with a human body and its properties – its Universal Truths. Conversely, they could not be realized or formulated without a human body, without our subjective nature, without our Personal Truths. It goes without saying that techniques without the existence of a human body are meaningless.

Personal Truths: The personal conditions, both physical and mental, that compose our existence.

The Personal Truths constitute absolute conditions for the Truths of Arts, which require a living person – with Personal Truths – as a medium to take a perceivable form. The Personal Truths are a concrete, individual manifestation of the Universal Truths. It is important to keep in mind that the nature of Personal Truths is change.

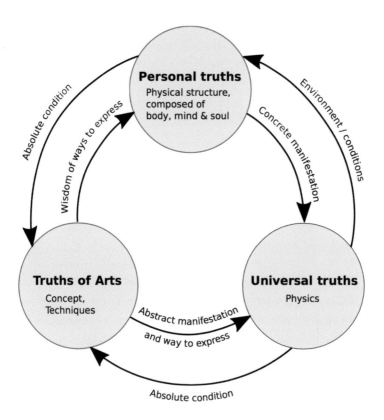

Universal Truths: The conditions in our environment and within our body connected to physical laws, the properties of the human body, such as its structure and functions, etc.

The Universal Truths set the conditions for the Personal truths, that is for our existence: we are human beings with a physical structure determined by the long journey of evolution; we are all subject to gravity. By this token, the Universal Truths are also absolute conditions for the Truths of Arts.

Truths of Arts: ways of expressing that use abstract concepts and physical or material techniques.

The Truths of Arts are an abstract manifestation of the Universal Truths. They are a vehicle expressing both Universal and Personal Truths. The Truths of Arts carry wisdom for expressing our existence, our Self - the Personal Truths.

Evolution

The challenge of our Budo-practice is the development or evolution of the organic and dynamic system of our body-and-mind. Human beings are organic beings. An organic being can be regarded as an organic system, which can evolve thanks to inner and outer information. The organic system is an existence, every element of which is concerned or involved with every other. In response to the ceaseless coming and going of matter and information, homeostasis dynamically maintains the stability of the system.

Thus, we may say that evolution is a self-modification to maintain the stability of the system with regard to the stimuli of inner and outer information. Evolution, and in fact this dynamism, is the very expectation we have in our Budo-practice. Realizing this fact was to me a discovery, and a profound illumination: the body-and-mind too, as an organic system, should possess the function to stabilize itself as a whole, and therefore evolve in response to the stimuli of inner and outer information. In this light, practice is a development of one's abilities that can be regarded as evolution. This observation offered me the key to bringing forth important methods for self-development in practice.

In Budo-practice, we use consciousness and information as stimuli to inspire our Self to evolve. Consciousness is one of the essences of our evolution. It acts as an intention and a tool to cultivate our nature. Our consciousness can help our non-consciousness by exposing it to a stimulus that appears to be good to our nature.

Consciousness allows us to share conceptual products and creations, such as theories, plans, views, ideas and images. Thus, it can participate in an interchange of information, namely it can activate the system. Consciousness can be used to convey a known stimulus, for instance in the form of an ideal concept for our movements. It also carries out the task of listening to the system's reaction to the stimulus, in the form of a physical movement. We should keep in mind that the role of consciousness is not to control and predict the outcome of the experiment, but to observe it. Comparing the performed movement with the ideal one and adjusting accordingly is what I call the feedback function. The feedback function is instrumental in nudging evolution in the direction of self-development.

With our consciousness, we stimulate the system, which has a self-stabilizing or self-balancing ability, and we leave the result of the evolution to the system. We do so with expectation and anticipation; we wait with a positive mind. Perhaps it is right to say that we trust the potential our nature possesses. Since we cannot fully understand nature, as nature is much more complex than we can imagine, it is a mistake to think that we can manipulate nature with our culture and consciousness: we only can tend its system.

Kiroku Fukutome, February 2016